¿Sabe qué come?

Andrea Gargano

¿SABE QUÉ COME?

dve
PUBLISHING

Traducción de Gustau Raluy Bruguera.

Diseño gráfico de la cubierta de Studio Tallarini.

© Editorial De Vecchi, S. A. 2019
© [2019] Confidential Concepts International Ltd., Ireland
Subsidiary company of Confidential Concepts Inc, USA
ISBN: 978-1-64461-447-1

ÍNDICE

8

PRÓLOGO

El doctor Andrea Gargano, que ha trabajado durante cuarenta años en el Ministerio de Políticas Agrícolas, el ente estatal que tiene la competencia de los alimentos en Italia, ha querido proponer al público este trabajo, en el que se contemplan todas las novedades ocurridas en el sector alimentario en los últimos veinte años, con la clara intención de ayudar al consumidor enriqueciendo sus conocimientos en un campo tan delicado como el de la alimentación.

El autor, gracias a su experiencia personal, primero como químico en el laboratorio de análisis, y en las dos últimas décadas como director del departamento de lucha contra el fraude de Lombardía (Ispettorato Repressione Frodi della Lombardia), ilustra las recientes novedades tecnológicas y las normativas aplicadas al sistema de control de los alimentos. En este libro se pueden encontrar las respuestas a muchas demandas acerca de las características, el valor nutritivo y calórico de los alimentos, las técnicas de conservación, el etiquetado y los fraudes más frecuentes en el campo alimentario. Además, da consejos precisos al consumidor, con el objetivo de ayudarle a efectuar una buena compra y a adoptar unas pautas de alimentación correctas.

Actualmente, el consumidor es cada vez más consciente de la importancia de seguir un régimen alimentario adecuado y completo, y está más interesado que nunca en obtener información clara y concisa sobre la composición y la comercialización de los productos alimentarios.

En definitiva, se trata de una obra de gran interés para un amplio público, que con toda seguridad tendrá una acogida positiva por parte de los lectores.

SAVERIO MANNINO
Profesor de análisis químicos de los productos alimentarios
Departamento de ciencias y tecnologías alimentarias y macrobióticas
de la Universidad de Milán

Introducción

Los medios de comunicación dedican mucho espacio al tema de la alimentación correcta, que se considera fundamental para gozar de buena salud. Los resultados de estas campañas informativas son evidentes: el consumidor de nuestros días, gracias a esta actualización continua de la información, se ha vuelto más exigente y cuando compra productos alimentarios busca no sólo las propiedades gustativas, sino también las nutricionales y, sobre todo, de autenticidad.

Todo ello ha comportado consecuencias positivas.

Los productos y las empresas de transformación están más concienciados y se esfuerzan en producir mejor, en parte también porque saben que los consumidores cada vez tienen conocimientos más profundos sobre estos temas.

En los últimos años se han registrado muchas novedades en el sector alimentario. En efecto, con la Unión Europea ha surgido la necesidad de uniformar las normativas alimentarias de los países, especialmente a raíz de los casos recientes de metanol en el vino, vacas locas, gripe aviar, etc., que han provocado una disminución de la confianza de los consumidores en el sector. Un paso importante ha sido la instauración de un Comité Europeo para la seguridad alimentaria.

Mientras tanto, instrumentos científicos nuevos y técnicas de análisis mejores han servido para tener un mayor conocimiento sobre los constituyentes menores de los alimentos, lo cual ofrece también la posibilidad de detectar fraudes más sofisticados.

Las campañas contra el uso de antiparasitarios en agricultura han favorecido los productos ecológicos, creando así las condiciones para la afirmación de un aprecio cada vez mayor por los alimentos de calidad, como demuestra la gran aceptación de los productos con DOP (denominación de origen protegida) e IGP (indicación geográfica protegida). La certificación de los productos alimentarios y la trazabilidad han intentado dar respuesta a la creciente exigencia de seguridad e información de los consumidores, mientras que la aparición en el mercado de nuevas tipologías de alimentos como los nutracéuticos y los productos funcionales y vigorizados, ha puesto de relieve la existencia de un gran interés por los productos innovadores. Luego surgió la cuestión de los OGM (Organismos Genéticamente Modificados), que es motivo de debate en el espacio de la opinión pública.

Todos estos son los temas que se tratarán en las páginas de este libro. Por otro lado, en referencia a los sectores más importantes de productos alimentarios, se darán respuestas a cuestiones prácticas sobre el funcionamiento de los controles de defensa del consumidor, las modalidades de conservación, la calidad, el valor nutritivo, el poder calórico y la autenticidad de los alimentos, de modo que se facilite la adopción de una dieta equilibrada. Finalmente, se proporcionan al consumidor algunas respuestas a las preguntas más habituales y consejos útiles para la compra.

El objetivo es hacer comprensible el tema, utilizando una terminología simple pero precisa, y contribuir a poner al día y enriquecer los conocimientos del consumidor sobre las propiedades y el valor nutricional de los productos alimentarios.

LA IMPORTANCIA
DE UNA INFORMACIÓN CORRECTA

El interés cada vez mayor de los medios de comunicación por el sector alimentario (artesanal e industrial) ha sido una novedad significativa en los últimos decenios, aunque la información, a menudo poco correcta, ha suscitado confusiones enormes en los consumidores, que no saben de quién fiarse.

A lo largo de los años han tenido lugar muchos episodios que han disminuido su confianza en las leyes, en las autoridades competentes y en la industria alimentaria. Han contribuido a ello tanto mensajes equívocos por parte de los responsables del sector, como la retirada del mercado de numerosos productos a consecuencia de problemas relacionados con la seguridad. Para paliar esta sensación de desconfianza urge una mayor vigilancia, incluso sobre campañas de información que muchas veces incluyen un contenido erróneo. Informar correctamente en el sector alimentario es una tarea delicada, y lo es todavía más, si cabe, en los episodios de intoxicaciones. Ocurre a veces que el cronista se deja llevar por el sensacionalismo al tratar temas con los cuales la opinión pública es muy sensible, ya que cada lector, en tanto que consumidor, se siente potencialmente parte afectada en los fraudes denunciados.

En el capítulo siguiente trataremos con profundidad el tema del fraude alimentario. Ahora tenemos que destacar algunos aspectos relativos a la importancia de informar correctamente al consumidor, que normalmente adopta una actitud de escepticismo ante los productos. Por lo general, cree que el objetivo principal de la industria alimentaria es el beneficio, y no tiene en cuenta otro factor importante: la vinculación entre la afirmación comercial de un producto y su calidad, que, en definitiva, constituye la condición esencial para que sea bien acogido por los compradores.

Por lo tanto, a la industria le interesa tanto informar como producir correctamente.

La mala información ha inducido al consumidor a desconfiar de todos los aspectos de la tecnología alimentaria y a preferir los productos «naturales», considerando que este adjetivo garantiza la sanidad de un alimento. El único camino para superar el escepticismo de los consumidores parece ser la unión de la reivindicación de sus derechos con la obtención de productos de buena calidad y una información exacta.

Informar correctamente al consumidor es un deber en primer lugar del productor. La terminología debe estar simplificada para una mayor credibilidad y los mensajes publicitarios deben ser claros y, sobre todo, no engañosos, para descartar equívocos. No se puede hacer creer al consumidor que los alimentos transformados están al mismo nivel que los frescos y no transformados. Basta con explicar que el aporte nutricional de los productos conservados es totalmente válido, aunque no sea igual que el de los alimentos frescos, y que, además, estos productos presentan la ventaja de que se puede disponer de ellos durante más tiempo a lo largo del año.

Más claridad en la comunicación significa ganarse la confianza del consumidor, que, una vez supere sus reservas, podrá elegir libremente lo que quiere. Dicho de otro modo, quien produce debe tener respeto por quien compra. Sólo así se dan las condiciones idóneas para que ambas partes encuentren satisfacción.

El objetivo de la calidad y de la valoración de los productos alimentarios se logra evitando los efectos no deseados, tanto inmediatos como potenciales, para la salud pública, y en ello deberá basarse la actividad informativa. Productores, instituciones y organismos de control deben esforzarse en recuperar la confianza de los consumidores siguiendo una línea común cuyo fin es proporcionar informaciones exactas y completas.

El ciudadano tiene el derecho de saber si lo que come es sano, y en qué medida un alimento puede perjudicar su salud.

El etiquetado de los productos alimentarios

Para una información correcta del consumidor, que a menudo se encuentra indefenso ante auténticas agresiones publicitarias a través de los medios de comunicación, el etiquetado del producto alimentario tiene una importancia fundamental.

Una etiqueta que informe con precisión sobre el alimento que compra el consumidor permite escoger con tranquilidad lo que mejor se adapta a sus exigencias.

Sabedora de esta necesidad, la Unión Europea, con las directivas 89/396/CEE y 89/397/CEE, ha regulado a tiempo el sector de la presentación y la publicidad de los productos alimentarios, de manera que se ha uniformizado en todos los países de la Unión. Con el Real Decreto 1334/99, de 31 de julio, España ha adaptado las directivas europeas en materia de etiquetado, presentación y publicidad de productos alimentarios.

Dicha normativa da un significado exacto al etiquetado, definiéndolo como «el conjunto de las citaciones, indicaciones, imágenes o símbolos que se refieren al producto alimentario y que figuran en el envase, en una etiqueta expresa o en el dispositivo de cierre».

Además, se han introducido algunas novedades que afectan a los ingredientes, la fecha de caducidad y el lote de producción (en particular, se ha definido el significado de los términos *ingrediente* y *lote*, y se han establecido los casos en que es necesario señalar la fecha de caducidad).

Atención a las modalidades de conservación

Hay que recordar siempre que tanto el plazo mínimo de conservación como la fecha de caducidad son válidos si el producto está conservado adecuadamente (a la temperatura aconsejada, en ambientes bien aireados y secos); en caso contrario, el deterioro puede acelerarse sensiblemente y el alimento puede estropearse antes de lo previsto.

Se entiende por *ingrediente* cualquier sustancia, incluidos los aditivos, usada en la preparación de un producto alimentario, que todavía se halla en el producto ya acabado, aunque de forma modificada. Los ingredientes deben estar relacionados en la etiqueta en orden decreciente de peso.

Se entiende por *lote* un conjunto de unidades de venta de un artículo alimentario que han sido producidas, fabricadas y envasadas en circunstancias prácticamente idénticas. Ningún alimento envasado puede ser puesto a la venta si en él no figura la indicación del lote al que pertenece.

La finalidad principal de esta información, prevista por el nuevo decreto, es permitir una identificación rápida de productos eventualmente peligrosos desde el punto de vista higiénico y sanitario.

La novedad tiene que ver con la seguridad que se ofrece al consumidor respecto a la fecha de caducidad, dando un significado preciso a las frases que figuran en la etiqueta. Por ejemplo, «Consumir preferiblemente antes de...» indica la fecha de consumo preferible (o plazo mínimo de conservación) hasta la cual el producto en cuestión, si está conservado correctamente, posee sus cualidades organolépticas. Por el contrario, la frase «Consumir antes de...» indica el plazo perentorio antes del cual el producto debe ser consumido, y no puede en modo alguno ser puesto a la venta después de dicha fecha.

Las funciones de la etiqueta

La ley sobre el etiquetado ofrece notables garantías al consumidor y ratifica que la etiqueta de un producto alimentario ha de cumplir los siguientes objetivos fundamentales:

* *ofrecer informaciones correctas sobre la naturaleza y las cualidades del alimento, de modo que el comprador pueda comparar cualidades y costo, y a partir de esta base proceder a una elección consecuente;*

* *ofrecer informaciones sobre las modalidades de uso y el plazo dentro del cual debe ser consumido el alimento para evitar consecuencias perjudiciales por su utilización impropia;*

* *ofrecer informaciones sobre la empresa productora, para proteger al consumidor de posibles adulteraciones o fraudes.*

Hoy en día hacer la compra es cada vez más complejo a causa de las noticias que aparecen continuamente sobre la seguridad de algunos alimentos, por lo cual es fundamental leer con atención la etiqueta. El único modo de defenderse de posibles fraudes es intentar saber con exactitud qué se está comprando, su procedencia y sus ingredientes. Todos los consumidores deberían saber leer la etiqueta para poder comer alimentos sanos y seguros, y evitar la ingestión de sustancias cuyos efectos en el organismo se ignoran.

Desde este punto de vista hay que reconocer que las instituciones comunitarias responsables están realizando un gran trabajo, como demuestra el hecho de que se obligue cada vez con más insistencia a los productores de alimentos a proporcionar indicaciones precisas (sobre ingredientes, procedencia, trazabilidad, sugerencias sobre el modo de conservación y uso del producto, fecha de caducidad o plazo mínimo dentro del cual debe ser consumido, etc.), que ofrecen al consumidor diligente la posibilidad de saber realmente lo que pone en la mesa.

El etiquetado nutricional

La introducción del etiquetado nutricional ha significado un paso más en el conocimiento de los productos alimentarios y ha favorecido una alimentación más racional y menos calórica, tal como sugieren las modernas tendencias nutricionistas.

Este etiquetado permite conocer el valor en calorías de los alimentos y sus principios nutritivos.

Para mejorar la educación alimentaria es necesario que todos los ciudadanos se acostumbren a leer bien —algo que, a decir verdad, no es demasiado frecuente— la información que aparece en los envases de los productos alimentarios destinados al consumo.

El etiquetado nutricional es un instrumento muy importante para tener información indispensable destinada a plantear una dieta apropiada a la edad, al clima y al grado de actividad realizada, y que sirva para contrarrestar o completar todas las demás nociones que casi a diario nos sugieren la televisión, los periódicos y las revistas.

Conocer las cualidades nutricionales de un alimento permite realizar un buen consumo y determinar el aporte correcto de nutrientes, que es un paso importante para alcanzar un estado de bienestar y salud.

En España, la etiqueta nutricional se regula desde el año 1992. La etiqueta de información nutricional es facultativa, pero se convierte en obligatoria cuando este tipo de etiquetado figura en la presentación del producto o bien en su publicidad.

Por *etiquetado nutricional* se entiende una declaración que figura en el etiquetado relativa al valor energético del alimento y a sus respectivos nutrientes: proteínas, hidratos de carbono, grasas, fibras alimentarias, vitaminas, sales minerales.

Por *información nutricional* se entiende, en cambio, una descripción y un mensaje publicitario que afirman, sugieren o recuerdan al consumidor que un alimento concreto posee determinados requisitos nutricionales relativos:

• al mayor o menor valor energético;

• a los nutrientes que contiene;

• a las proteínas, hidratos de carbono, azúcares, grasas, ácidos grasos monoinsaturados, ácidos grasos poliinsaturados, fibra alimentaria.

El etiquetado nutricional incluye la relación ordenada de las indicaciones relativas al valor energético y a la cantidad de proteínas, hidratos de carbono, azúcares, grasas, ácidos grasos saturados, ácidos grasos insaturados y fibra alimentaria. La información debe figurar en una única tabla y estar en español, aunque también se acepta que esté en otros idiomas.

Las etiquetas no deben en modo alguno atribuir al producto propiedades que prevengan, cuiden o curen enfermedades humanas, ni indicar propiedades que no posea.

El valor energético se calcula sobre las cantidades de principios nutritivos expresadas en gramos. Así, en el caso de un producto constituido por 15 g de proteínas, 7 g de grasas y 4 g de hidratos de carbono (considerando que las calorías aportadas, respectivamente, por proteínas, grasas e hidratos de carbono son 4, 9 y 4, aproximadamente) se obtendrá una contribución calórica determinada por la fórmula siguiente:

$$(15 \infty 4) + (7 \infty 9) + (4 \infty 4), \text{ es decir, } 60 + 63 + 16 = 139 \text{ cal}$$

Tiempo atrás, algunas empresas, para revalorizar y dar una idea de mayor genuinidad a sus productos, introducían en las etiquetas nutricionales expresiones del tipo: «sin azúcares», «sin grasas», «bajo contenido en grasas», «bajo en calorías». Todas ellas son informaciones nutricionales para las cuales (según la nueva normativa y para mayor claridad) es obligatorio relacionar las cantidades de los principios nutritivos contenidos en el alimento.

Otras etiquetas

Nos referimos ahora muy brevemente a dos clases de menciones que a menudo podemos ver en los envases de los productos y que no se refieren al producto que contienen, como algunos consumidores creen erróneamente, sino al propio envase o al manufacturador.

Así, tenemos en primer lugar el Certificado ISO 9000. Las normas ISO (iniciales en inglés de la Organización Internacional de Sistemas de Estandarización) acreditan que el fabricante cumple unos requisitos de calidad en todo el proceso de fabricación. No tiene nada que ver, por lo tanto, con la calidad del producto, aunque es indicativo de la seriedad del fabricante.

En segundo lugar, vemos a veces la mención «punto verde» o sus equivalentes en otras lenguas (*der grüne Punkt* en alemán, por ejemplo). En contra de lo que pueda parecer, esta mención nada tiene que ver con el carácter ecológico del producto contenido en el envase. El único significado que tiene la etiqueta «punto verde» es que el fabricante participa financieramente en un sistema integrado de gestión de envases organizado por un determinado organismo.

La publicidad de los productos alimentarios

La publicidad es un instrumento importante para las empresas productoras, que necesitan convencer a los consumidores de que compren sus productos. Finalmente, en beneficio de una política de protección y de información al consumidor, que debe estar siempre defendido de mensajes publicitarios engañosos, en España se aprobó la Ley General de Publicidad de 1988.

La publicidad engañosa

La ley 34/1988 tiene la voluntad de especificar el significado de los términos publicidad y publicidad engañosa:

- por publicidad se entiende cualquier forma de mensaje que se difunde por el medio que sea en el ejercicio de una actividad comercial, con el objetivo de promover la venta de un producto;

> • por publicidad engañosa, en cambio, se entiende toda publicidad que por el medio que sea, incluida su presentación, induce o puede inducir a error al consumidor, a causa de su carácter engañoso. Por ejemplo, es publicidad engañosa publicitar un producto que puede causar daño a la salud del consumidor sin advertirle de ello; o bien, magnificar las cualidades de un alimento que, por el contrario, carece de ellas. Un caso típico es el de la margarina, que desde siempre se ha publicitado como producto «ligero», por lo cual el consumidor ha sido inducido erróneamente a creer que contiene menos calorías y que, por lo tanto, es más digerible que otras grasas alimentarias.

Esta normativa ha favorecido una mayor disciplina en el sector de la publicidad, que antaño gozaba de excesivas libertades.

El público se encontraba indefenso ante las oleadas de mensajes «desinformadores» sobre la comida. Los medios de comunicación, y a veces también las instituciones, a menudo transmitían a los consumidores información sobre las características cualitativas de los alimentos con mensajes promocionales que exageraban los beneficios, sin que nadie controlara la fiabilidad de dicha información.

EL CONTROL SOBRE LOS PRODUCTOS ALIMENTARIOS

Para evitar que los consumidores sean víctimas de los fraudes hace falta, por un lado, una legislación clara y que esté al día, y, por otro lado, una vigilancia estricta por parte de la autoridad competente, es decir, de los organismos de control de los productos alimentarios. Desgraciadamente, en los países de Europa los organismos de vigilancia no están estructurados todos del mismo modo, y esto crea alguna diferencia en los controles. De hecho, puede ocurrir que alimentos que no cumplen todos los requisitos legales en algunos países miembros, en otros se comercialicen. Para que esto no suceda se han de emplear los mismos métodos de análisis, la misma frecuencia de toma de muestras y el mismo rigor y programación en los controles. Sólo así el consumidor estará realmente protegido y podrá comprar tranquilamente en todos los países comunitarios, en donde los productos se podrán comercializar libremente y, sobre todo, podrán tener la misma consideración.

Es justo reconocer a la Unión Europea el mérito de reforzar y coordinar acciones para proteger cada vez más al consumidor, junto a la puesta en práctica de una política orientada a mejorar cualitativamente las condiciones de vida.

Además, actualmente los consumidores están mucho más informados que en el pasado, gracias al hecho de que los medios de comunicación tratan con frecuencia los problemas de la alimentación. El resultado es que hoy en día los ciudadanos están más concienciados y se organizan para defender sus intereses específicos de consumidores.

El papel de la Unión Europea

En los últimos años, en los países de la Unión Europea se han registrado numerosos escándalos en el sector alimentario: el metanol en el vino, los pollos vendidos como «biológicos» que estaban contaminados, la enfermedad de las «vacas locas» (encefalopatía espongiforme bovina), etc. Estos graves episodios han puesto en evidencia la falta en el ámbito europeo de un organismo de control encargado de la vigilancia de los productores de alimentos.

Sin embargo, por otro lado, han servido para consolidar, también en el círculo de expertos, la idea de que la salubridad de un alimento de origen animal (carne, leche y derivados, huevos, aves, etc.) depende, en primer lugar, del estado de salud de los propios animales. De ahí la exigencia, para una mayor tutela de los consumidores, de crear en los ámbitos europeo y nacional organismos especiales definidos como *Authority*, con el objetivo de coordinar los distintos componentes del sector. Así se podría augurar un mayor grado de seguridad en todas las fases del sistema productivo.

La Autoridad Europea

A partir de enero de 2002 se ha instaurado la Autoridad Europea para la seguridad alimentaria, un organismo independiente que tiene la función de seguir todas las cuestiones que tienen un efecto directo o indirecto en la correcta producción y comercialización de bebidas y alimentos.

Dado que se trata de un organismo de reciente creación (la primera reunión se celebró en septiembre de 2002), todavía no se puede efectuar una valoración global de su actuación. Con todo, las asociaciones de consumidores han expresado un cierto escepticismo sobre la eficacia real de sus decisiones por la falta en la Comisión de un representante suyo.

También se exige que la actuación de la Autoridad Europea no constituya una prolongación de las políticas de cada país, sino que dé

El control en el ámbito comunitario

Las funciones principales de la Autoridad Europea son:

- coordinar opiniones científicas independientes en la valoración de los riesgos relacionados con la cadena alimentaria;

- informar al público consumidor;

- efectuar en los países miembros de la Unión Europea todos los controles con el mismo sistema de inspecciones y metodología analítica, así como con el mismo rigor.

muestras de una total independencia. El deseo de todos es que la estructura sea eficiente y actúe en su debido momento cuando surjan problemas en el sector alimentario.

Por otro lado, es igualmente importante que efectúe una labor escrupulosa de prevención para evitar escándalos peligrosos que, como ya ha ocurrido, comporten consecuencias graves para el sector. La eficacia de la Autoridad Europea en la seguridad constituirá en este caso una verdadera garantía para el consumidor, favoreciendo la mejora de los aspectos higiénicos y sanitarios, de calidad y nutricionales de los alimentos, que deberán cumplir siempre los requisitos de genuinidad.

Un aspecto particularmente importante es la comprobación del contenido de las etiquetas, puesto que, como ya se ha dicho, las informaciones sobre las cualidades nutricionales deben ser verdaderas para satisfacer las exigencias del consumidor, que tiende cada vez más a la compra de alimentos certificados y de los que ofrecen informaciones precisas sobre sus características.

Para garantizar la tranquilidad real del consumidor, hay que considerar otros elementos. Ante todo, debe definirse, de forma general y para cada tipo de producto, el mapa de riesgos, considerando las sustancias nocivas contrastadas y aquellas cuya seguridad no ha sido demostrada, con lo cual se pueden detectar y neutralizar los fraudes y los estándares de calidad insuficiente.

En cada país de la Unión Europea se constituirá una agencia que se encargará de todas las cuestiones relacionadas con la seguridad alimentaria y deberá proponer a las autoridades competentes las medidas necesarias para la tutela de la salud pública.

El gobierno de cada Estado será la fuente de informaciones científicas y técnicas, útiles para la elaboración y la puesta en práctica de las disposiciones legislativas, de las leyes comunitarias y de los acuerdos internacionales relativos al sector.

Las agencias valorarán también los datos proporcionados por las empresas sobre las propiedades nutritivas de los alimentos y calcularán los riesgos relacionados con la ingestión de OGM.

Por último, participarán en la definición y la coordinación de los métodos de toma de datos relativos a los inconvenientes causados por productos susceptibles de crear efectos no deseados para la salud del consumidor.

Los alimentos genuinos

Se entiende por alimento genuino un producto natural, «puro», libre de sustancias extrañas y, sobre todo, preparado respetando todo lo dispuesto por la ley para el reconocimiento de una definición correcta de producto. Quien vende como genuinas sustancias alimentarias que no son tales incurre en un fraude comercial, y por ello se le castiga con una sanción o incluso con el encarcelamiento. Por ejemplo, el aceite de oliva ha de obtenerse del prensado de las olivas; entonces, quien produce o vende como aceite de oliva uno mezclado con aceite de semillas está vendiendo un producto no genuino y, por lo tanto, comete un delito perseguido por la ley. Tampoco es legal vender como mantequilla un producto con grasas extrañas, distintas de las que contiene en estado natural la parte grasa de la leche de vaca.

Los casos citados sólo son algunos ejemplos de fraude alimentario. De hecho, todo alimento que haya sufrido una alteración en la composición, ya sea añadiéndole sustancias extrañas, ya sea sustrayéndole principios nutritivos, o que contenga componentes diferentes de los que marca la ley para su constitución, se considera no genuino.

En todos los países, el Estado se encarga de proteger al consumidor con sus organismos de vigilancia, que tienen la función de controlar que los productores y los operadores del sector alimentario vendan alimentos que se ajusten a los requisitos de genuinidad.

Es necesario continuar por la vía de la prevención para evitar que se repitan episodios desagradables. Las garantías para los consumidores aumentarán a buen seguro con la trazabilidad, de la que hablaremos más adelante, pero la vigilancia debe garantizarse también con marcas de distinción que figuren en la etiqueta o en el envase, y que las autoridades competentes asignen solamente a aquellos productos cuya cadena de producción cumpla los debidos requisitos de seguridad. De este modo, los productores se esforzarán en su obligación de ofrecer productos sanos y seguros, y los consumidores podrán sentirse finalmente tranquilos sobre la genuinidad del producto.

Legislación comunitaria sobre alimentación

El marco de la Unión Europea ha originado la necesidad primaria de uniformar la normativa alimentaria con disposiciones orientadas a eliminar las barreras higiénicas y sanitarias, y favorecer la libre circulación de las mercancías. Y en esta dirección se han realizado esfuerzos notables de coordinación entre los países miembros, para alcanzar una disciplina que pueda ser aplicada en todos los países miembros de la Unión Europea. Así pues, casi todos los sectores han sido cubiertos por la disciplina comunitaria (en caso de vacíos legislativos rige la ley de cada país).

La aplicación de las normas europeas

La legislación europea se desarrolla de dos maneras:

• con los reglamentos, que tienen fuerza y valor de ley en el momento de su entrada en vigor y se superponen al derecho nacional de cada país;

• con las directivas, que atañen solamente al país al que están dirigidas (son sugerencias que se transforman, dentro de un plazo definido, en normativa mediante ley o decreto presidencial).

Los objetivos comunitarios

La legislación alimentaria comunitaria, aún más que la nacional, sirve para garantizar:

• un alto nivel de tutela de la salud del consumidor y del ambiente;

> - *una información adecuada y, sobre todo, correcta del consumidor, que debe saber lo que compra desde el punto de vista de la calidad, de las características y del origen del producto;*
> - *el respeto de todas las operaciones comerciales.*

Inspección y vigilancia de los fraudes en España

Ya hace varios años que en España las autoridades han adoptado medidas para la defensa de la salud de los consumidores, entre las que se han incluido la refundición y actualización de todas las normas vigentes en materia de inspección y vigilancia de las actividades alimentarias, así como de sanción de las infracciones.

Con esta finalidad, se dictó el Real Decreto 1945/1983, de 22 de junio, modificado en el año 1988. Se trata de una norma con la que se intentó tipificar la totalidad de actuaciones que pueden afectar negativamente la alimentación del consumidor. En estas páginas trataremos de explicar brevemente su contenido.

Debe apuntarse que en España no existe una ley integral para el control de la seguridad de los alimentos, a diferencia de lo que ocurre en otros países de la Unión Europea o, incluso, en algunas comunidades autónomas, como es el caso de Cataluña, que el año 2003 aprobó y se dotó de una Ley de Protección de la Salud. Esta ley, que es de esperar que tenga su correlativo en las demás comunidades del Estado, es importante porque afecta de manera general a todos los operadores de la cadena alimentaria y, en definitiva, redunda en la protección de la salud de los ciudadanos.

Entrando en el análisis del Real Decreto 1945/1983, diremos que la norma empieza estableciendo que son infracciones sanitarias las siguientes:

- El incumplimiento de los requisitos, condiciones, obligaciones o prohibiciones de naturaleza sanitaria.

- Las acciones u omisiones que produzcan riesgos o daños efectivos para la salud de los consumidores o usuarios, ya sea de forma consciente o deliberada, ya sea por abandono de la diligencia y las precauciones exigibles en la actividad, servicio o instalación de que se trate.

- El incumplimiento o transgresión de los requerimientos previos que concretamente formulen las autoridades sanitarias para situaciones específicas, al objeto de evitar contaminaciones o circunstancias nocivas de otro tipo que puedan resultar gravemente perjudiciales para la salud pública.

La norma establece distintos grados de infracciones sanitarias: leves, graves o muy graves.

Entre las infracciones graves están la promoción o venta para uso alimentario o la utilización o tenencia de aditivos o sustancias extrañas cuyo uso no esté autorizado por la normativa vigente en la elaboración del producto alimentario en cuestión, cuando no produzcan riesgos graves y directos para la salud de los consumidores.

Entre las infracciones sanitarias muy graves se hallan:

- La preparación, distribución, suministro o venta de alimentos que contengan gérmenes, sustancias químicas o radioactivas, toxinas o parásitos capaces de producir o transmitir enfermedades al hombre o que superen los límites o tolerancias reglamentariamente establecidos en la materia.

- La promoción o venta para uso alimentario, utilización o tenencia de aditivos o sustancias extrañas cuyo uso no esté autorizado por la normativa vigente en la elaboración del producto alimentario de que se trate, y produzca riesgos graves y directos para la salud de los consumidores.

- El desvío para consumo humano de productos no aptos para ello o destinados específicamente a otros usos.

La norma dedica también su atención a las infracciones por alteración, adulteración o fraude en bienes y servicios susceptibles de consumo. Así pues, entre otras, se establecen las siguientes infracciones: la elaboración, distribución, suministro o venta de bienes a los que se haya adicionado o sustraído cualquier sustancia o elemento para variar su composición, estructura, peso o volumen con fines fraudulentos, para corregir defectos mediante procesos o procedimientos que no estén expresa y reglamentariamente autorizados o para encubrir la inferior calidad o alteración de los productos utilizados.

Además, también se tipifican distintas clases de fraudes:

- El fraude en cuanto al origen, calidad, composición, cantidad, peso o medida de cualquier clase de bienes o servicios destinados al público, o su presentación mediante determinados envases, etiquetas, rótulos, cierres, precintos o cualquier otra información o publicidad que induzca a engaño o confusión o enmascare la verdadera naturaleza del producto o servicio.

- El fraude en la prestación de toda clase de servicios, de forma que se incumplan las condiciones de calidad, cantidad, intensidad o naturaleza de los mismos, con arreglo a la categoría con que estos se ofrezcan.

- El fraude en la garantía y el arreglo o reparación de bienes de consumo duradero por incumplimiento de las normas técnicas que regulen las materias o por insuficiencia de la asistencia técnica en relación con la ofrecida al consumidor en el momento de la adquisición de tales bienes.

En otro sentido, se recogen infracciones en materia de normalización, documentación y condiciones de venta o suministro (por ejemplo, el incumplimiento de las disposiciones sobre instalación o requisitos para la apertura de establecimientos comerciales o de servicios y para el ejercicio de las diversas actividades mercantiles, sea cual fuere su naturaleza), las denominadas infracciones en defensa de la calidad de la producción agroalimentaria (por ejemplo, la distribución de propaganda sin previa autorización del Ministerio, cuando esta sea preceptiva o cuando no se ajuste a los requisitos oficiales establecidos), las infracciones por clandestinidad (como son, entre otras muchas, la tenencia en explotaciones agrarias e industrias elaboradoras de sustancias no autorizadas por la legislación especifica para la producción o elaboración de los productos, la tenencia o venta de productos a granel sin estar autorizados para ello, o la circunstancia de no reunir los envases los requisitos exigidos por las disposiciones correspondientes).

Se consideran, específicamente, infracciones por fraude las siguientes operaciones:

- La elaboración de medios de producción, productos agrarios y alimentarios, mediante tratamientos o procesos que no estén autorizados por la legislación vigente, así como la adición o sustracción de sustancias o elementos que modifiquen su composición con fines fraudulentos.

- Las defraudaciones en la naturaleza, composición, calidad, riqueza, peso, exceso de humedad o cualquier otra discrepancia que existiese entre las características reales de la materia o elementos de que se trate y las ofrecidas por el productor, fabricante o vendedor, así como todo acto voluntario de naturaleza similar que suponga transgresión o incumplimiento de lo dispuesto en la legislación vigente.

- La mención en las etiquetas, envases o propaganda, de nombres, indicaciones de procedencia, clase de producto o indicaciones falsas que no correspondan al producto o induzcan a confusión en el usuario.

- La falsificación de productos y la venta de los productos falsificados.

El decreto se ocupa también de determinar que serán responsables de las infracciones quienes por acción u omisión hubieren participado en las mismas y, en concreto, establece que de las infracciones en productos envasados será responsable, en principio, la firma o razón social cuyo nombre figure en la etiqueta, y también será responsable el envasador cuando se pruebe su connivencia con el marquista.

De las infracciones cometidas en productos a granel será responsable el tenedor de los mismos, excepto cuando se pueda identificar la responsabilidad de manera cierta de un tenedor anterior.

Es importante señalar que la responsabilidad administrativa por las infracciones a que se refiere la norma —que supone la imposición de multas, en algunos casos, de cuantías muy importantes— será independiente de la responsabilidad civil, penal o de otro orden que, en su caso, pueda exigirse a los interesados.

En concreto, en el ámbito penal, no podemos dejar de recordar el artículo 282 del vigente Código Penal, que establece lo siguiente: «Serán castigados con la pena de prisión de seis meses a un año o multa de seis a dieciocho meses los fabricantes o comerciantes que, en sus ofertas o publicidad de productos o servicios, hagan alegaciones falsas o manifiesten características inciertas sobre los mismos, de modo que puedan causar un perjuicio grave y manifiesto a los consumidores, sin perjuicio de la pena que corresponda aplicar por la comisión de otros delitos».

Por razones de ejemplaridad y siempre que concurra alguna de las circunstancias de riesgo para la salud o seguridad de los consumidores, reincidencia en infracciones de naturaleza análoga o acreditada intencionalidad en la infracción, la autoridad que resuelva el expediente podrá acordar la publicación de las sanciones impuestas cuando hayan adquirido firmeza en vía administrativa, así como los nombres, apellidos, denominación o razón social de las personas naturales o jurídicas responsables y la índole y naturaleza de las infracciones, en el Boletín Oficial del Estado, en los de la provincia y municipio, y a través de los medios de comunicación social que se consideren oportunos.

Con independencia de las sanciones impuestas, los ministerios competentes podrán proponer al Consejo de Ministros, para las infracciones muy graves, la supresión, cancelación o suspensión total o parcial de toda clase de ayudas oficiales, tales como créditos, subvenciones, desgravaciones fiscales y otros que tuviesen reconocidos o hubiere solicitado la empresa sancionada. El Consejo de Ministros decidirá a este respecto de acuerdo con las circunstancias que, en cada caso, concurran.

En los casos de infracciones graves o muy graves, la autoridad competente para imponer la sanción podrá decidir, con independencia de la misma, la incapacidad de la empresa sancionada para ser adjudicataria de toda clase de cupos de mercancías administradas en régimen de intervención o de comercio de Estado, por un periodo de tiempo máximo de cinco años.

En el ejercicio de su función, los inspectores tendrán el carácter de autoridad y podrán solicitar el apoyo necesario de cualquier otra, así como de los Cuerpos de Seguridad del Estado, y podrán acceder directamente a la documentación industrial, mercantil y contable de las empresas que inspeccionen cuando lo consideren necesario en el curso de sus actuaciones, que, en todo caso, tendrán carácter confidencial.

Tanto los órganos de las Administraciones Públicas como las empresas con participación pública, organismos oficiales, organizaciones profesionales y organizaciones de consumidores prestarán, cuando sean requeridos para ello, la información que se les solicite por los correspondientes servicios de inspección.

Cuando los inspectores aprecien algún hecho que estimen que pueda constituir infracción, levantarán la correspondiente acta, en la que harán constar, además de las circunstancias personales del interesado y los datos relativos a la empresa inspeccionada, los hechos que sirvan de base al correspondiente procedimiento sancionador.

Las personas que sean objeto de inspección estarán obligadas, a requerimiento de los inspectores, a suministrar toda clase de información sobre instalaciones, productos o servicios, permitiendo la directa comprobación de los inspectores, a exhibir la documentación que sirva de justificación de las transacciones efectuadas, de los precios y márgenes aplicados y de los conceptos en que se descomponen los mismos, a facilitar que se obtenga copia o reproducción de los referidos documentos, a permitir que se practique la oportuna toma de muestras de los productos o mercancías que elaboren, distribuyan o comercialicen y, en general, a consentir la realización de las visitas de inspección y a dar toda clase de facilidades para ello.

En aquellos casos en que sea previsible el decomiso de la mercancía como sanción accesoria, la Administración podrá proceder cautelarmente a la intervención de la misma. Además, durante la tramitación del expediente, a propuesta del instructor, podrá levantarse la intervención de la mercancía, cuando las circunstancias así lo aconsejen.

Es importante tener en cuenta que la toma de muestras se realizará mediante acta formalizada, al menos por triplicado, ante el titular de la empresa o establecimiento sujeto a inspección, o ante su representante legal o persona responsable o ante un dependiente.

Si la empresa o titular del establecimiento donde se levante el acta fueren fabricantes, envasadores o marquistas de las muestras recogidas y acondicionadas en la forma antes dicha, uno de los ejemplares quedará en su poder, bajo depósito en unión de una copia del acta, con la obligación de conservarla en perfecto estado para su posterior utilización en prueba contradictoria si fuese necesario. Por ello, la desaparición, destrucción o deterioro de dicho ejemplar de la muestra se presumirá maliciosa, salvo prueba de lo contrario. Los otros dos ejemplares de la muestra quedarán en poder de la inspección, remitiéndose uno al laboratorio que haya de realizar el análisis inicial.

Por el contrario, si el dueño del establecimiento o la empresa inspeccionada actuasen como meros distribuidores del producto investigado, quedará en su poder una copia del acta, pero los tres ejemplares de la muestra serán retirados por la inspección, en cuyo caso uno de los ejemplares se pondrá a disposición del fabricante, envasador o marquista interesado o persona debidamente autorizada que le represente —para que la retire si desea practicar la prueba contradictoria—, remitiéndose otro ejemplar al laboratorio que haya de realizar el análisis inicial.

Las pruebas periciales analíticas se realizarán en laboratorios oficiales o en los privados acreditados por la Administración para estos fines, empleando para el análisis los métodos que, en su caso, se encuentren oficialmente aprobados y, en su defecto, los recomendados nacional o internacionalmente.

El laboratorio que haya recibido la primera de las muestras, a la vista de la misma y de la documentación que se acompañe, realizará el análisis y emitirá a la mayor brevedad posible los resultados analíticos correspondientes y, en caso de que se le solicite, un informe técnico, pronunciándose de manera clara y precisa sobre la calificación que le merezca la muestra analizada. Cuando del resultado del análisis inicial se deduzcan infracciones a las disposiciones vigentes, se incoará expediente sancionador.

No existe en España un órgano específico dedicado a la imposición de sanciones y medidas a que se refiere el Real Decreto que acabamos de examinar, sino que, dependiendo del importe de la sanción, la competencia corresponde al Consejo de Ministros, al Ministerio que corresponda, a los gobernadores civiles, al director general de Salud Pública, el de Inspección del Consumo y los demás directores generales, todo ello sin perjuicio de las competencias que puedan tener transferidas las comunidades autónomas o las corporaciones locales.

¿ALIMENTOS FRESCOS O EN CONSERVA?

El consumidor debe elegir con frecuencia entre alimentos frescos o en conserva. La elección depende de varios factores, principalmente del uso que se les quiere dar y del momento en que se quieren consumir.

Todo el mundo sabe que los productos conservados duran más que los frescos gracias a los tratamientos que reciben, que si bien por un lado disminuyen las propiedades nutritivas del alimento, por el otro garantizan un buen nivel de higiene y seguridad del producto.

Es bastante complicado comparar estos dos grupos de alimentos, dado que ambos presentan ventajas e inconvenientes en función de las situaciones y de la manera en que son consumidos. No tiene demasiado sentido comprar cosas diferentes, como por ejemplo el valor nutritivo de una naranja recién cogida con el de un zumo de naranja. En cambio, sí puede ser útil comparar dos platos de judías verdes, frescas en un caso, congeladas en el otro.

Los alimentos pueden mantenerse frescos durante un periodo de tiempo más o menos largo, pero en general tienen una duración relativamente limitada. En realidad, es difícil que lleguen a la mesa verdaderamente frescos, sin haber recibido ningún tratamiento de conservación entre el momento de la cosecha y el del consumo. De hecho, la simple estancia en el frigorífico, aunque sea por poco tiempo, constituye una técnica de conservación.

Todos los alimentos tienden por naturaleza a alterarse: la carne se pudre, la leche se agría, la fruta se seca, la verdura se amustia.

Las principales alteraciones de los alimentos

Los microorganismos causan efectos de varios tipos en los alimentos:

* alteraciones de las cualidades organolépticas (sabor, olor, aspecto);

* disminución de los principios nutritivos (las proteínas se desnaturalizan, las grasas se enrancian);

* toxicidad del alimento (estafilococos y salmonelas pueden causar diarreas, fiebres, dolores de vientre);

* oxidaciones (el oxígeno del aire reacciona con algunas moléculas y forma compuestos nocivos);

* la fruta y la verdura adquieren un tono amarronado (por la acción combinada de enzimas, luz y oxígeno).

Para paliar estos inconvenientes, se trabaja cada vez más en las técnicas de conservación que permitan aumentar la duración del producto y mantener en la mayor medida de lo posible las características nutricionales y de gusto.

Una gran parte de las técnicas de conservación tienen el objetivo de crear ambientes desfavorables para la supervivencia de los microorganismos causantes de las alteraciones.

A continuación, citaremos las principales técnicas de conservación.

Refrigeración: consiste en conservar el producto a una temperatura entre 0 y 4 °C hasta el momento del consumo; esta técnica no elimina microorganismos, pero ralentiza su ciclo vital, debido a lo cual se desarrollan más lentamente.

Conservación con sal o azúcar: estos productos sustraen el agua a los microorganismos, que mueren por deshidratación.

Conservación en vinagre: su ácido provoca un hábitat desfavorable para el desarrollo de gérmenes nocivos.

Conservación en aceite: al cubrir los alimentos impide el contacto con el aire, lo cual contrarresta el desarrollo de los microorganismos, que necesitan oxígeno para crecer.

Congelación y ultracongelación: con la disminución de la temperatura provocan la solidificación del agua que contienen los alimentos, lo cual favorece su conservación.

Pasteurización: tratamiento térmico moderado (la temperatura normalmente no supera los 80 °C) con eliminación de gérmenes patógenos, sin privar al alimento de su gusto y de sus valores nutritivos.

Esterilización: tratamiento térmico drástico (temperatura superior a 100 °C) con eliminación de los microorganismos, pero con efectos negativos en los valores nutricionales.

Liofilización: tratamiento térmico de congelación y rápido calentamiento que transforma con rapidez el agua del alimento directamente del estado sólido a vapor (sublimación) sin que el producto modifique el aspecto ni las cualidades nutritivas.

Estos tratamientos de conservación, que han contribuido notablemente en la posibilidad de disponer de alimentos variados a lo largo de todo el año, presentan obviamente aspectos negativos, ya que repercuten en el valor nutricional y el sabor de los alimentos, que durante los tratamientos efectuados para la conservación sufren pérdidas más o menos significativas de principios nutritivos (ciertamente dichos fenómenos son menos acentuados en los productos congelados y ultracongelados). Un ejemplo de ello es la diferente reacción de las vitaminas al aire, a la luz y al calor.

ESTABILIDAD DE ALGUNAS VITAMINAS

Vitamina	Al aire	A la luz	Al calor
vitamina A	débil	débil	estable
vitamina B_1	débil	estable	débil
vitamina B_{12}	débil	débil	estable
vitamina C	débil	débil	débil
vitamina E	débil	débil	estable
vitamina K	estable	débil	estable

Consejos útiles para la conservación correcta de los alimentos

Una vez adquiridos los alimentos, es muy importante conservarlos adecuadamente, ya que del modo en que se realiza esta operación depende la calidad del producto que se consume.

¿Frigorífico o temperatura ambiente?

En cuanto a la capacidad de conservación, los alimentos se dividen en dos categorías:

- estables: son productos que no se modifican, es decir, que no sufren alteraciones aunque se conserven a temperatura ambiente (por ejemplo, los productos en lata, que han recibido un tratamiento térmico para ser estabilizados, y los secos o los que tienen un bajo contenido de humedad);

- perecederos: son productos que para no sufrir alteraciones deben conservarse en el frigorífico (todos los productos frescos, como la carne, el pescado, la fruta y la verdura).

El enemigo de la conservación de los alimentos es el calor, que origina alteraciones microbióticas tanto más importantes cuanto más largo es el tiempo de permanencia a una temperatura no idónea para la conservación del producto.

Vitalidad de las bacterias

Las bacterias tienen un comportamiento diferente según la temperatura:

- a 100 °C, si están un tiempo suficiente, mueren;

- a 60-70 °C se multiplican lentamente;

- a 36-37 °C (temperatura idónea) se multiplican rápidamente;

- a 0-2 °C ya no se multiplican, pero no mueren.

El desarrollo microbiótico no es el único factor que incide en la conservación de los alimentos. Hay otros factores, como los procesos de oxidación, las alteraciones del color o las pérdidas de nutrientes, que contribuyen al deterioro.

En líneas generales, tras haber considerado la influencia negativa del calor, sería aconsejable que los alimentos estables se conservaran, siempre que fuera posible, a temperaturas bajas y en locales bien aireados. Naturalmente, la calidad de cada producto depende de su «historia», ya que, de hecho, nadie conoce las modalidades de transporte del alimento en cuestión (podría ser con un camión que ha estado estacionado mucho tiempo al sol en agosto), ni la forma de almacena-

---

A la hora de comprar

A partir de lo dicho hasta aquí, ofrecemos la siguiente serie de sugerencias:

- Comunique al responsable del punto de venta la existencia de productos conservados de modo inadecuado (por ejemplo, una botella de aceite expuesta mucho tiempo al sol en un escaparate).

- Cuando se trate de productos perecederos, compre siempre los más frescos.

- Lea bien la etiqueta para comprobar si aparecen informaciones específicas sobre el modo de conservación.

- Compruebe que los productos conservados en la «atmósfera modificada» (embutidos, etc.) estén íntegros.

- Compruebe que los productos no estén deteriorados (enmohecidos o rancios) ni tengan un color extraño.

- Prefiera la compra frecuente y en cantidades pequeñas a compras muy espaciadas en grandes cantidades.

- Recuerde que las verduras mal conservadas en la frutería tienen un valor nutritivo inferior al del mismo producto congelado.

- Compruebe que los contenedores de cristal estén ubicados en lugares frescos, secos y resguardados de la luz;

- Compruebe que los productos en lata estén conservados en lugares frescos y aireados.

miento en el periodo de tiempo que va desde la salida del producto hasta el mostrador del vendedor final. Por esta razón conviene comprar con precaución, prefiriendo los puntos de venta que dan salida a sus mercancías en poco tiempo y que, sobre todo, se preocupan por las cuestiones que atañen al transporte y al almacenamiento.

Tiempos de conservación de verduras, carne, pescado, quesos y productos precocinados

Las verduras se pueden conservar, obviamente en el congelador, durante 12 meses; las carnes magras, durante 9 meses; la carne de cerdo, de ave y caza, unos 4-5 meses; el pescado magro, 6-7 meses; el pescado graso, 3-4 meses; y los quesos, 4 meses.

Por lo que respecta a los precocinados, el tiempo de conservación depende mucho del contenido en grasas del producto: cuanto más elevado es el contenido en grasas del precocinado, menor es el tiempo de conservación. Normalmente, el periodo de conservación aconsejable para este tipo de productos no debe superar los 3 meses.

La técnica de conservación en «atmósfera modificada»

De las diversas técnicas de conservación citadas, merece la pena tratar con más profundidad la denominada «atmósfera modificada», porque su objetivo es prolongar la conservación de las cualidades organolépticas de los productos alimentarios, garantizando también una mejor presentación del alimento al consumidor.

Se trata de una atmósfera con una composición distinta de la natural que, como es bien sabido, está constituida por oxígeno, hidrógeno, anhídrido carbónico y gases nobles. El oxígeno del aire influye negativamente en la conservación de los alimentos y causa oxidaciones (aparición de sabores y olores anómalos) y enranciamiento de las grasas; además, favorece la multiplicación de mohos y microorganismos, que precisamente necesitan oxígeno para reproducirse y multiplicarse.

El objetivo principal de las atmósferas modificadas usadas para la conservación de los alimentos es eliminar o disminuir la cantidad de oxígeno que está en contacto con el producto. La técnica es, pues, muy similar a la de elaboración del vacío, mediante la cual se extrae del embalaje el aire contenido. En sustitución del aire se emplean mezclas de gases inertes (sobre todo, hidrógeno y anhídrido carbónico), en proporciones variables según el tipo de alimento que debe ser conservado. Para el pollo se utilizan atmósferas modificadas con una proporción de anhídrido carbónico-hidrógeno de 1 : 1 o 2 : 1; para los quesos normalmente se emplea sólo hidrógeno o sólo anhídrido carbónico; por último, para los embutidos la relación de anhídrido carbónico-hidrógeno generalmente es de 1 : 4.

La liofilización: una técnica útil pero costosa

La liofilización es otra técnica importante para la conservación de alimentos. Consiste en deshidratarlos, es decir, se les extrae el agua mediante la sublimación (paso directo del estado sólido al gaseoso). El producto se congela a temperaturas comprendidas entre –20 y –60 °C, y seguidamente se aplica el vacío y se separa el agua por sublimación, de modo que la cantidad residual no supera el 1 %. Para utilizar un alimento liofilizado es preciso reconstituirlo rehidratándolo, operación que requiere unos pocos minutos.

Los elementos liofilizados ofrecen la considerable ventaja de no necesitar frigorífico o congelador para su conservación. El producto es muy estable en el tiempo, y basta añadir agua para reconstituirlo.

La liofilización es una de las técnicas de conservación más ventajosas, si bien es muy costosa. En el precio de estos alimentos influyen notablemente el establecimiento y la amortización de las plantas de liofilización y confección, que frenan el asentamiento en el mercado de los liofilizados.

En cambio, no hay desventajas desde el punto de vista del valor nutritivo de los alimentos: la incidencia de la liofilización es igual a la de otros medios de conservación más difundidos, como la congelación y la ultracongelación. Se nota en particular una disminución del contenido vitamínico que gira en torno al 20 %, mientras que el valor biológico y la digestibilidad no sufren variación alguna.

Es importante destacar que el uso, hoy en día bastante difundido, de la conservación en atmósfera modificada no ha de ser considerado un modo para sanear o mejorar la calidad de un producto alimentario en proceso de deterioro, sino exclusivamente una operación tecnológica que debe ir acompañada por otras precauciones (refrigeración, respeto de las normas higiénicas) para mejorar la capacidad de conservación de los alimentos y hacer que sean menos deteriorables en el tiempo. Por ejemplo, en el caso de las carnes rojas, la denominada *schelf-life* (vida comercial media del producto) normalmente está limitada por varios factores como la proliferación de los microorganismos, la variación del color, el enranciamiento. No obstante, si se recurre a la confección en atmósfera modificada se pueden contrarrestar estos factores haciendo más lento el deterioro cualitativo de las carnes rojas.

Respecto al envasado en vacío, la atmósfera modificada mejora la presentación del producto, como se ve en el caso del queso, que resulta menos untuoso en superficie, o del embutido en lonchas. En la práctica, este tipo de envasado presenta al consumidor alimentos con características de cualidades que se aproximan cada vez más al producto fresco.

Las conservas

Para la conservación de los alimentos se utilizan medios cuyo objetivo es conservar inalteradas el mayor tiempo posible las características organolépticas y nutricionales del producto que podría sufrir modificaciones causadas por microorganismos (bacterias o mohos), agentes físicos (calor, luz) y agentes químicos (agua, aire).

Definición de conserva

El término específico de conservas abarca en particular todos aquellos productos cuya capacidad de conservación se asegura con el uso simultáneo de las dos técnicas siguientes:

- *envasado en contenedores de cierre hermético a los gases, líquidos y microorganismos;*

- *tratamiento térmico después del envasado con el objetivo de destruir o inhibir las enzimas y los microorganismos que se encuentran en el producto para garantizar una mejor conservación.*

Es necesario distinguir entre semiconservas y conservas. Las primeras han sufrido un tratamiento térmico no drástico que no ha permitido eliminar todos los microorganismos que contiene el producto en el momento del envasado, aunque la conservación del producto se garantiza gracias al contenedor mismo, que evita la contaminación, y gracias a factores químicos (acidez, aditivos) o físicos (frío), o ambos, que impiden el desarrollo de los gérmenes que hayan sobrevivido. El periodo de conservación de las semiconservas es limitado, generalmente de no más de unos meses.

Las conservas, en cambio, han experimentado un tratamiento térmico intenso, que garantiza la eliminación total de los microorganismos que puedan hallarse en el producto, incluso en forma de esporas. En este caso, la conservación del producto está garantizada exclusivamente por el contenedor, que impide la recontaminación. Teóricamente, desde el punto de vista microbiológico tienen un plazo de conservación ilimitado, siempre que el contenedor no sufra daños. Sin embargo, en la práctica, la conservación no supera los cuatro o cinco años, debido a la pérdida de las cualidades organolépticas y nutricionales del alimento conservado.

Las alteraciones que sufre el contenido de las conservas son fundamentalmente dos:

- **Acidificación o** *flat sour*: los productos que sufren este tipo de alteración no presentan ninguna modificación, por lo cual sólo puede detectarse después de abrir el contenedor; el alimento contenido presenta un olor y un sabor claramente ácidos, y el producto ya no es comestible.

- **Abombamiento:** puede ser de origen amicrobiótico (químico o físico) y microbiótico.

El abombamiento amicrobiótico es de origen químico cuando se caracteriza por la presencia, dentro del contenedor, de gas formado por la interacción entre el contenido y la lata. Se observan fenómenos de corrosión en la zona interna de la chapa. Actualmente este inconveniente está desapareciendo gracias al uso de pinturas específicas para reducir, en la medida de lo posible, las posibilidades de corrosión, y por eso han sido sustituidas casi totalmente las tiras de estaño. El abombamiento es de origen físico cuando no es imputable a la formación de gas; además, las características organolépticas del alimento conservado casi nunca están comprometidas. Puede estar causado por el aire residual que quedó en el interior en el momento del cierre, por el llenado excesivo, por la deformación del contenedor debido a golpes, por congelación, especialmente si contiene agua, que al solidificarse aumenta de volumen y daña el contenedor. El abombamiento microbiótico o biológico está causado por la presencia de microorganismos vivos dentro del contenedor que al multiplicarse realizan su actividad metabólica, que se manifiesta con la formación de gas y, por consiguiente, se abomba la lata. También puede producirse por una esterilización insuficiente, es decir, cuando la temperatura usada para la esterilización del producto o bien no ha llegado a valores suficientemente altos como para matar todos los gérmenes, o bien no se había aplicado durante un tiempo suficiente. Otra causa puede ser una recontaminación del producto después de la esterilización. La dilatación del contenedor siempre es un signo negativo, y el producto afectado deberá ser retirado del comercio, para identificar la causa que ha originado el problema.

Desde 1992, es decir, desde que entró en vigor la normativa comunitaria que regula el etiquetaje, la presentación y la publicidad de los productos alimentarios, es obligatorio indicar en el envase el número de lote al que pertenece el producto. Esto ha simplificado mucho las cosas en el sentido de que si se detectan latas abombadas de un producto, ya no es necesario retirar del mercado todos los productos del mismo tipo, sino solamente los del mismo lote de producción.

Una característica muy importante de las conservas es su valor nutricional, aspecto sobre el que consumidores poco informados muestran reservas. Ciertamente, son alimentos que no tienen el mismo valor nutritivo que tendrían en estado fresco, aunque, sin embargo, gracias a las nuevas tecnologías de producción, esta diferencia ha disminuido y hoy en día se comercializan productos aceptables, válidos y capaces de sustituir a los alimentos frescos fuera de temporada.

El consumo de congelados y ultracongelados

La congelación y la ultracongelación, si bien se basan en el mismo principio, son dos técnicas de conservación diferentes. En ambos casos la congelación se obtiene enfriando el producto a –20 ºC, a consecuencia de lo cual el agua se convierte en hielo.

La congelación puede lograrse en un tiempo bastante largo, y en este caso se obtiene la «congelación lenta», o bien en un tiempo mucho menor, y se obtiene la «congelación rápida».

Las ventajas de los ultracongelados

Desde el punto de vista práctico, los ultracongelados, además de representar un ahorro de tiempo y trabajo, presentan ventajas importantes:

- *al ser alimentos conservados exclusivamente con el frío desde el momento de la producción hasta el de consumo, no requieren aditivos químicos;*

- *se puede disponer del producto durante todo el año;*

- *las características de calidad generalmente son constantes;*

- *el envase original y el mantenimiento a bajas temperaturas garantizan una seguridad mayor para el consumidor en el aspecto higiénico y sanitario.*

La diferencia sustancial entre las dos técnicas es que la congelación lenta altera la estructura del alimento, porque se forman macrocristales de hielo que dañan la pared celular, lo que causa una mayor pérdida de líquido durante la descongelación y la consiguiente disminución del valor nutritivo (con el líquido se pierden también vitaminas y sales minerales). En cambio, con la ultracongelación las temperaturas bajas se alcanzan en mucho menos tiempo, y los microcristales que se forman no dañan la pared celular, por lo cual permanece inalterado el valor nutritivo.

Normalmente, para los productos de tamaño grande se prefiere la congelación, y para los pequeños, la ultracongelación.

Una ventaja importante de los productos congelados y ultracongelados es la posibilidad de poder utilizar a lo largo de todo el año alimentos que en otras circunstancias sólo podrían consumirse en determinadas épocas. Los alimentos ultracongelados en cierto sentido pueden considerarse productos frescos, porque pasan en muy poco tiempo del campo (en el caso de las hortalizas) o del lugar de captura (en el caso de la carne y el pescado) a los establecimientos de envasado. La mayor parte de los productos se ultracongela en un plazo de pocas horas. En el caso concreto de la fruta y la verdura, habida cuenta de que los procesos de transformación a −20 °C están prácticamente bloqueados, los ultracongelados pueden considerarse productos casi frescos.

En las grandes ciudades, donde resulta realmente difícil garantizar la distribución de fruta y verdura antes de que hayan transcurrido algunos días desde la recogida, los ultracongelados son una buena alternativa a la fruta y la verdura en los mostradores de los mercados. Sin embargo, las ventajas de los ultracongelados pueden quedar anuladas si no se respeta la «cadena del frío» (véase la tabla de esta página), es decir, si no se mantiene una temperatura inferior a -20 °C durante todo el ciclo de conservación y transporte, desde el momento de la producción hasta el de consumo.

Dicha necesidad tiene una incidencia determinante en el coste de los ultracongelados, que dificulta una mayor implantación en el mercado.

LAS TEMPERATURAS DURANTE LA CADENA DEL FRÍO

frigorífico almacén	entre -25 y -30 °C
transporte	entre -25 y -30 °C
depósito de conservación	entre -25 y -30 °C
distribución	entre -25 y -30 °C
exposición para venta al detalle	-20 °C
conservación doméstica	-18 °C

A pesar de estas premisas favorables, muchos consumidores se muestran bastante escépticos con los ultracongelados, tanto respecto a sus plazos de conservación como a su valor nutricional. Es evidente que los ultracongelados, por varios motivos relacionados con el tipo de producto y las condiciones de almacenamiento y transporte, si respetan las normas, son bastante buenos y pueden conservarse entre unos meses y periodos más largos, según el tipo de producto (por ejemplo, los alimentos que contienen grasas tienen un plazo de conservación menor).

Desde el punto de vista nutricional, las opiniones de los investigadores que han tratado el tema son bastante discordes, a causa probablemente de las diferentes condiciones de experimentación. En lo que atañe a los contenidos en proteínas, lípidos e hidratos de carbono, las garantías son las mismas del producto fresco; respecto a las vitaminas y las sales minerales puede haber diferencias, dado que por lo general estos productos se transportan rápidamente a los establecimientos de elaboración. El valor nutritivo de los ultracongelados es, pues, inferior al del producto fresco, pero con un nivel más que aceptable en comparación con otros alimentos conservados con otras técnicas.

DURACIÓN DE LA CONSERVACIÓN A –18 °C DE ALGUNOS PRODUCTOS ULTRACONGELADOS

Alimento	Tiempo máximo
alimentos cocinados	2-3 meses
carne picada	2 meses
cerdo	4 meses
col	6 meses
cordero	8-10 meses
fruta (fresones, albaricoques, melocotones, ciruelas, arándanos, frambuesas, etc.)	10-12 meses
pescado	2-3 meses
pollo	8-10 meses
salchichas	2 meses
ternera	5-6 meses
verduras (alcachofas, espárragos, judías verdes, guisantes, tomates, espinacas, etc.)	10-12 meses

Un elemento negativo es la pérdida de algunas características organolépticas; en el caso concreto de las verduras y la fruta la disminución de los aromas se acentúa gradualmente hasta desaparecer del todo.

La disponibilidad de los ultracongelados en el mercado ofrece muchas posibilidades al consumidor, que deberá valorar sus ventajas y desventajas, y utilizarlos en el momento oportuno.

Efectos de los tratamientos térmicos en los productos alimentarios

En algunos alimentos (fruta y verdura) es muy importante respetar la estacionalidad del producto, que sufre variaciones de los principios nutritivos durante la maduración, alcanzando el punto óptimo con la maduración completa. El paso del tiempo empobrece el contenido vitamínico por efecto de la luz y del oxígeno de la atmósfera. Este fenómeno aumenta proporcionalmente a la temperatura de almacenamiento, de modo que se registran pérdidas menores a temperaturas relativamente bajas. El deterioro de los principios nutritivos se acentúa en gran medida con los procesos de cocción y con los distintos tratamientos industriales utilizados para su conservación. Naturalmente, las pérdidas se deben al tratamiento térmico al que son sometidos los alimentos, hecho que explica la importancia del tipo de cocción utilizado.

Otros factores que inciden en el mantenimiento cualitativo y cuantitativo de los nutrientes son el medio de transmisión del calor, la temperatura alcanzada y el tiempo de cocción. En el caso particular de las verduras, se aconseja cocerlas con poca agua y conservar el caldo, rico en sales minerales, vitaminas y glúcidos (hidratos de carbono); para contener las pérdidas se puede acelerar el proceso con la cocción al vapor o a presión. Por lo tanto, el tipo de cocción marca la diferencia y hace que un plato sea más o menos nutritivo. En las cocciones prolongadas, en donde hacen falta muchos condimentos ricos en sustancias grasas, es muy probable que los alimentos pierdan buena parte de sus nutrientes. Y, al contrario, la cocción al vapor, y sin condimentos, permite cocinar platos en los que se conserve, en buena parte, el contenido en vitaminas y sales minerales que inicialmente tenía el alimento crudo.

PÉRDIDAS DE OLIGOELEMENTOS DE LAS VERDURAS EN RELACIÓN CON EL SISTEMA DE COCCIÓN

Tipo de verdura	15 min de cocción	Porcentaje de pérdidas
brécol	al vapor	40 %
	en agua	50 %
espinacas	al vapor	40 %
	en agua	60 %
guisantes	al vapor	25 %
	en agua	50 %
judías	al vapor	30 %
	en agua	50 %
zanahoria	al vapor	30 %
	en agua	40 %

Embalaje y conservación de los alimentos

En el ciclo de preparación y comercialización de un producto alimentario, la operación de introducir un alimento en un contenedor adecuado constituye un momento particularmente delicado, tanto para los operarios de la industria alimentaria, como para las empresas de distribución, y también para el consumidor del producto elaborado. A todas estas categorías, por diferentes motivos, les incumbe el hecho de poder disponer de embalajes eficaces: para los productores, los embalajes deben ser idóneos y económicos; para la distribución, deben permitir una vida larga del producto, y, finalmente, para el consumidor (que exige garantía de envasado), deben conservar las cualidades organolépticas del alimento. Este es el motivo por el cual el departamento de envasado se caracteriza por un gran dinamismo, junto a continuas innovaciones para proteger el medio ambiente y no perder comodidad.

La cuestión básica es la idoneidad alimentaria de los materiales empleados para la fabricación de los contenedores, materiales que deben respetar los parámetros altamente restrictivos fijados por la normativa europea. Concretamente, un artículo de ley establece la prohibición de producir, poseer para la venta, comercializar o usar materiales u objetos que, en el estado de productos acabados, estén destinados a estar en contacto con las sustancias alimentarias o con el agua destinada al consumo humano, y que por composición o cesión de componentes:

• hagan nocivas las sustancias alimentarias o peligrosas para la salud pública;

• puedan modificar desfavorablemente las propiedades organolépticas de los alimentos.

Por consiguiente, los productores deben tener en cuenta el tipo de material empleado, ateniéndose rigurosamente a los parámetros establecidos por la ley.

De todos modos, es lícito preguntarse cómo se puede determinar si el material que está en contacto con los alimentos expulsa constituyentes no deseados. Estas comprobaciones se realizan en laboratorios, en donde se efectúan pruebas que consisten en poner en contacto durante un tiempo determinado los contenedores con las denominadas soluciones simuladoras, que permiten comprobar la capacidad extractiva de los distintos tipos de alimentos. Con estas soluciones se reproducen los medios que se darán en los contenedores, según el tipo de alimento (ácido, alcohólico o graso). Después de un tiempo preestablecido, se analiza si la solución contiene algún componente del contenedor.

SOLUCIONES EMPLEADAS PARA SIMULAR MEDIOS ANÁLOGOS A LOS GENERADOS POR LOS ALIMENTOS QUE ESTÁN EN CONTACTO CON LOS DISTINTOS CONTENEDORES

	Solución	Alimento a conservar
simulador a	agua destilada	para alimentos poco ácidos
simulador b	solución ácido acético al 3 %	para productos ácidos
simulador c	solución alcohólica al 10 %	para productos alcohólicos
simulador d	aceite de oliva	para productos grasos

No existen simuladores para fruta, verduras, cereales, azúcar, sal, café y otros productos secos, porque no tienen capacidad para extraer ningún componente del contenedor.

En la elección del material para la producción de los contenedores de alimentos hay que tener en cuenta también otros factores, como el respeto al medio ambiente (el material no debe causar daños de ningún tipo) y la capacidad del contenedor de proteger el alimento de posibles acciones mecánicas y de formas de contaminación desde el exterior.

Otros elementos que condicionan la adecuación del contenedor son las informaciones que aparecen en el envase: información comercial (etiqueta, presentación), nutricional, los modos de conservación, la conformidad a las normativas (marcas, fechas, contraseñas) y, finalmente, la ayuda para la identificación (código de barras).

Cómo elegir y utilizar las películas de papel para envolver los alimentos

En el mercado se pueden encontrar varios tipos de películas de papel transparente para envolver y conservar los alimentos. Sin embargo, hay que efectuar una elección correcta según el tipo de producto para evitar que algún constituyente de la película pueda pasar al alimento con consecuencias peligrosas para la salud del consumidor.

La materia prima que compone este tipo de papel puede ser el polietileno o PVC (cloruro de vinilo), pero, con el fin de poder disponer de rollos de papel más elástico, extensible y adherente, y por razones prácticas, a las películas de base de PVC se añaden plastificantes. De estos últimos, el más usado es el DEHA (dietilexiladepato), un compuesto que, ingerido en cantidades superiores a las establecidas por la ley, puede causar daños en la salud. Por este motivo es importante que quien usa estos productos lea detenidamente las informaciones que figuran en la caja, para poder utilizarlo correctamente y evitar, así, consecuencias desagradables.

Desgraciadamente, al consumidor no le resulta fácil excluir las hojas transparentes que contienen el plastificante DEHA, porque en las cajas figuran algunas advertencias sin hacer referencias a los componentes. Las normas vigentes exigen que en la etiqueta haya solamente indicaciones de las condiciones particulares que deben respetarse en el momento de usar el producto. Por lo tanto, un indicio de la pre-

---

Compatibilidad de las películas para alimentos

Dado que las películas, además de en la gran distribución, también se utilizan mucho en la cocina para proteger carne, queso, verduras, embutidos y otros alimentos, daremos unos consejos para usarlas correctamente, sobre todo en relación con el tipo de alimento utilizado:

- *hojas de polietileno (caracterizadas por la indicación «No contiene PVC»): pueden usarse para envolver alimentos fríos o ultracongelados, carnes crudas y cocidas, quesos y embutidos, pero no son adecuadas para conservar alimentos calientes;*

- *hojas que contienen plastificantes (en las que no aparece la expresión «No contiene PVC»): no deben usarse para envolver alimentos calientes ni precocinados, ni para alimentos que contienen grasas, es decir, quesos, mantequilla, aceite, margarina, embutidos, ni para alimentos que contienen alcohol etílico. Por el contrario, pueden ser usados con alimentos que no contienen grasas y con fruta, verdura, pan, pasta, etc.*

- *hojas de aluminio: pueden utilizarse tranquilamente para envolver alimentos grasos, pero nunca con productos salados (embutidos salados, alimentos cocinados con sal) o alimentos ácidos (salsa de tomate, en vinagre).*

sencia de DEHA en la película puede ser la expresión «No se utiliza para alimentos grasos o conservados en aceite o que contengan alcohol etílico».

Esto se explica por el hecho de que la cantidad del plastificante que pasa de la película transparente a los alimentos depende mucho de la cantidad de grasas contenidas: cuanto más graso es el alimento, más cantidad de plastificante absorbe.

Una sugerencia de carácter general para envolver los alimentos es no utilizar el papel transparente para alimentos calientes. Conviene esperar siempre a que se enfríen a temperatura ambiente.

Además, es preferible utilizar hojas de polietileno, porque no contienen plastificantes y se diferencian por la expresión escrita «No contiene PVC», o bien hojas de aluminio.

LA CALIDAD DE LOS PRODUCTOS ALIMENTARIOS

En nuestras mesas son cada vez más frecuentes los alimentos «biológicos» y con denominación de origen protegida (DOP). En efecto, actualmente la calidad de los alimentos es una prioridad del consumidor, que quiere tener garantías sobre el origen real de los productos que compra y sobre los procesos productivos (por ejemplo, es importante saber si se han usado o no antiparasitarios en el cultivo). Conocer el significado exacto de las indicaciones de calidad de los alimentos es una exigencia cada vez más generalizada, así como saber de qué modo se efectúan los controles para comprobar la calidad de los productos.

Tiempo atrás, el concepto de calidad, referido a los productos alimentarios, se entendía como una simple definición mercantil, y no ha sido hasta épocas más recientes que ha surgido una diferenciación tipológica. Actualmente, se distingue la calidad referida a un producto industrial de la calidad de un producto agrícola. En el primer caso, mediante el control de calidad de un producto acabado, se aprecian las características de fiabilidad y composición con respecto a productos similares; en el segundo caso, puesto que es difícil identificar a posteriori la estructura y las características de la materia prima, es poco útil el control sobre el producto acabado.

En cambio, es necesario informar al consumidor no sólo sobre los procesos productivos, sino también sobre el origen de la materia prima utilizada, la zona de producción y, sobre todo, el acatamiento de la tradición en la preparación del alimento. Estos son los motivos que han dado pie a la creación de la denominación de origen, que prevé requisitos de calidad referentes al origen, el territorio, el medio y los métodos.

Garantías en el origen en DOP e IGP

Determinados productos de una zona concreta pueden gozar de la calificación denominación de origen protegida (DOP) o indicación geográfica protegida (IGP). Vamos a ver, a continuación, en qué consiste cada una de ellas.

Las denominaciones de origen (DO) se otorgan a productos cuya calidad o características derivan de manera exclusiva o, al menos, fundamental del medio geográfico, con sus factores naturales y humanos, en que se producen y, además, se producen, elaboran y transforman en dicha zona geográfica delimitada. Los organismos encargados de otorgar las etiquetas a los productores que las soliciten son los Consejos Reguladores, por encima de los cuales existe el Instituto Nacional de Denominaciones de Origen (INDO).

Las llamadas denominaciones de origen calificadas (DOC) vienen a ser DOP, pero para su concesión se exigen más requisitos y estos son más estrictos.

Las normativas de los productos DOP e IGP

Todos los productos DOP e IGP están reglamentados por el correspondiente decreto legislativo, sobre la base de un reglamento disciplinario de producción por el cual se definen:

• la denominación de origen del producto;

• la delimitación de la zona de producción;

• las condiciones y las modalidades de producción;

• las características químicas, físicas y organolépticas del producto acabado;

• el tiempo de envejecimiento en los casos previstos.

Por su parte, las indicaciones geográficas protegidas (IGP) se otorgan a productos de una región que poseen una cualidad, reputación o característica determinada atribuida a dicho origen geográfico.

Las DOP y las IGP se diferencian en que en las segundas basta con que dos de las tres etapas (producción, transformación o elaboración) del producto se lleven a cabo en dicha zona.

Aparte de las DOP y las IGP existen las especialidades tradicionales garantizadas (ETG), certificación que se otorga no en razón del origen geográfico del producto, sino porque su composición o su modo de producción es tradicional o típico.

Es obligatorio que las menciones DOP, IGP y ETG aparezcan en los envases de los productos. A menudo se critica que las siglas sean reemplazadas por sus equivalentes en el resto de países; así, por ejemplo, la DO (denominación de origen) española es la AOC francesa.

Para producir y comercializar correctamente los productos DOP e IGP se han constituido en el ámbito nacional consejos reguladores del producto típico; estos organismos fueron reconocidos por el Ministerio de Agricultura, Pesca y Alimentación, y tienen la función de vigilar el cumplimiento de la normativa; además, distribuyen a sus miembros los distintivos que deben pegar al producto, que constituyen un título de reconocimiento.

Asimismo, se encargan del control sistemático de posibles abusos en el uso de la denominación de origen por parte de terceros y poner en conocimiento de las autoridades competentes las irregularidades detectadas, acompañándolas con actas y documentos relativos al contencioso.

Los productos ecológicos

Por producto ecológico se entiende, según lo previsto por el Reglamento CE 2092/91, un producto constituido en el 95 % por ingredientes obtenidos con métodos agrarios ecológicos, es decir, sin uso de productos químicos de síntesis, como fertilizantes, antifermentadores, conservantes, pesticidas, plaguicidas, antibióticos, etc.

Gran parte de los consumidores prefiere alimentos que hayan sido obtenidos utilizando todos los medios técnicos disponibles, con la condición de que carezcan de residuos químicos. Y esto es precisamente lo que se propone la agricultura biológica, que contempla la exclusión del uso de productos químicos de síntesis (fertilizantes, insec-

---

Distintivo europeo de agricultura ecológica

En marzo del año 2000, la Comisión Europea acuñó los términos Agricultura Ecológica – Sistema de Control CE, al amparo del Reglamento CE 2092/91, que pueden ser utilizados por los productores en caso de que, previa inspección, quede demostrado que sus sistemas y productos cumplen la legislación comunitaria en la materia.

Así pues, los productos de la agricultura ecológica, para ser distinguidos del resto de productos del mercado, además de su propia marca, llevan una etiqueta numerada y un logotipo o anagrama con el nombre o el código de la autoridad u organismo de control y la mencionada leyenda (Agricultura Ecológica).

Los consumidores que adquieran productos que lleven esta denominación pueden estar seguros de que dichos productos:

- están constituidos, como mínimo, por un 95 % de ingredientes obtenidos siguiendo métodos ecológicos;

- cumplen las disposiciones del sistema de control oficial;

- proceden directamente del productor o el transformador y se presentan en un envase sellado;

- llevan el nombre del productor, el elaborador o el vendedor, o el nombre y el código del organismo de inspección.

---

ticidas, anticriptogámicos, herbicidas, etc.), en beneficio del uso de fertilizantes casi exclusivamente orgánicos (estiércol) y de todas las técnicas capaces de resaltar y valorizar los factores positivos del medio ambiente, y, finalmente, la aplicación de métodos que permitan mantener el equilibrio biológico del medio en el que se interviene.

Actualmente, la producción biológica ha alcanzado unas dimensiones económicas considerables, razón por la cual es importante regular las relaciones entre las organizaciones de productores biológicos y las de productores tradicionales. En el futuro, la agricultura biológica debe tener un tratamiento igual a la tradicional (las dos formas no deben entrar en conflicto, con el riesgo de una penalización recíproca) y debe ser cada vez más productiva para el mercado con la consiguiente valoración económica de un mayor número de agricultores.

Las acciones de vigilancia

La vigilancia sobre productos ecológicos se lleva a cabo con la actuación de una serie de intervenciones:

• de tipo administrativo: comprobación de registros de carga y descarga y de los programas de producción;

• inspecciones, a cargo de técnicos cualificados, en las explotaciones agrícolas;

• análisis de muestras para la búsqueda de residuos de antiparasitarios.

En nuestro país, han alcanzado gran popularidad en los últimos tiempos los productos denominados *biológicos*, nombre inexacto y engañoso de los realmente llamados *productos ecológicos*. Es necesario, a fin de no crear confusiones, tener en cuenta que los auténticos productos ecológicos deben proceder de cultivos en los que no se hayan usado plaguicidas, pesticidas o abonos.

Las comunidades autónomas españolas tienen atribuidas las competencias relativas a la concesión de la denominación *producto ecológico* a productos de origen animal; así, en los establecimientos de alimentación es posible ver quesos en los que conste tal característica. Dicha concesión sólo será posible si la materia prima proviene, en un determinado porcentaje, de cultivos ecológicos.

Atención al abuso de la denominación de agricultura biológica

El consumidor debe comprobar que todo producto declarado ecológico lleve la marca del fabricante, encargada por el Ministerio, que garantiza la calidad, ya que asegura que ha sido producido respetando los métodos de cultivo de la agricultura biológica. Consecuencia de ello es que la simple indicación con el escrito producto ecológico en el envase de frutas y verdura de venta en cualquier mercado debe suscitar perplejidad al comprador. En estos casos, es decir, cuando la calificación de «ecológico» se utiliza abusivamente, se puede estar cometiendo un delito por uso incorrecto y engañoso del término, que, como se ha dicho, debe estar reservado a los alimentos preparados respetando escrupulosamente la reglamentación comunitaria.

EVOLUCIÓN DE LA PRODUCCIÓN AGRÍCOLA ECOLÓGICA EN ESPAÑA (1991-2002)

Año	Superficie (ha)	Número de operadores
1991	4.235	396
1992	7.858	654
1993	11.674	867
1994	17.208	1.066
1995	24.078	1.233
1996	103.735	2.404
1997	152.105	3.811
1998	269.465	7.782
1999	352.164	12.341
2000	380.920	14.060
2001	485.079	16.521
2002	665.055	17.751

Fuente: Ministerio de Agricultura, Pesca y Alimentación.

Los alimentos modificados genéticamente

Otro tipo de alimentos de los que se habla mucho últimamente son los alimentos *genéticamente modificados* o que contienen derivados de estos entre sus ingredientes.

La normativa actualmente vigente en España establece que sólo es obligatorio el etiquetado específico, indicando que puede contener organismos modificados genéticamente (conocidos por sus siglas OMG) cuando pueda ser detectado en el alimento el ADN modificado por la manipulación genética o las proteínas procedentes de este ADN modificado.

Quedan, por tanto, excluidos de la obligatoriedad en el etiquetaje todos aquellos alimentos en los que no pueda encontrarse el ADN o las proteínas extrañas, aunque utilicen en su composición componentes como lecitinas, aceites y grasas vegetales.

Además, quedan expresamente excluidos del etiquetado obligatorio aquellos componentes de alimentos que sean clasificados en la industria alimentaria como aditivos de alimentos, saborizantes de alimentos y también los disolventes utilizados en la industria del procesado de alimentos.

Podemos plantearnos, pasando al ámbito práctico, en qué alimentos podemos encontrar productos transgénicos. La respuesta es que, en el Estado español, se puede comerciar con el maíz y la soja manipulados genéticamente, y que si bien estos dos productos se suelen consumir muy poco de forma directa, los transformados de soja y maíz sí se suelen incorporar como ingredientes derivados (aceite, grasa vegetal, harinas, etc.) en muchísimos productos de pastelería, aperitivos, etc.

En el año 2004, la Unión Europea establece que en los envases de los productos elaborados con ingredientes que provengan de semillas modificadas genéticamente en más de un 0,9 %, o incluso del 0,5 % en determinados casos, se debe indicar expresamente.

Por otra parte, la normativa europea sobre trazabilidad en productos transgénicos obliga también a las empresas a incorporar las técnicas necesarias para seguir el rastro de este tipo de ingredientes, con lo que se facilita al consumidor la máxima información.

La trazabilidad: por una alimentación fiable

Una de las garantías más importantes para la tutela del consumidor y de la calidad de un alimento es la posibilidad de reconstruir todas las etapas que ha seguido hasta llegar a nuestra mesa. La trazabilidad es uno de los instrumentos más importantes que permiten conocer este recorrido.

El término *trazabilidad* no tiene una definición exacta. El caso de las «vacas locas» obligó a la legislación europea a dar un significado a trazabilidad, con referencia a la producción de carnes bovinas. Posteriormente el término se extendió a todos los demás productos alimentarios.

Por *trazabilidad* se entiende la identificación de las empresas que han contribuido en la preparación de un producto alimentario. Se basa en el seguimiento de las operaciones intermedias que van «del campo a la mesa» o, mejor dicho, del productor de la materia prima al consumidor final.

De este modo se transmite al comprador un mensaje tranquilizador, concretamente, que el producto adquirido no presenta puntos oscuros en toda la fase de producción, ya que todos los pasos se saben o se identifican fácilmente a través de una documentación concreta. Además, el responsable de la empresa productora, seguro de haber trabajado correctamente, asume toda la responsabilidad de posibles errores.

Obviamente, todo ello no es posible sin una organización perfecta que permita verificar todas las fases de la producción e intervenir de inmediato en caso de que surja cualquier inconveniente.

Gracias a la trazabilidad se sabe todo de un alimento. Del pan se sabrá, por ejemplo, de qué forma ha sido cultivado el cereal del que se ha obtenido la harina y se tendrá conocimiento de la panificadora que lo ha preparado y del comerciante que lo ha vendido.

Se puede decir que la trazabilidad constituye el documento de identidad de un producto alimentario; entre el productor y el consumidor se instaura una sólida relación de confianza que precede el juicio tanto sobre la calidad como sobre el valor del producto.

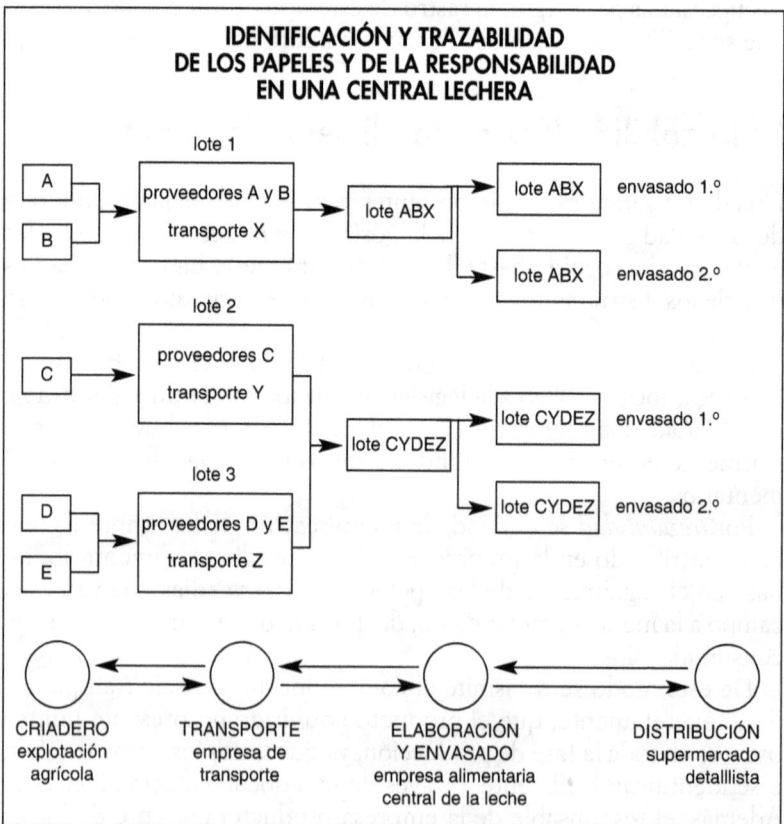

IDENTIFICACIÓN Y TRAZABILIDAD DE LOS PAPELES Y DE LA RESPONSABILIDAD EN UNA CENTRAL LECHERA

Las nuevas técnicas analíticas para la valoración de la calidad de los alimentos

Otro aspecto muy importante es la evolución de métodos científicos, que actualmente permiten ya efectuar una valoración objetiva de la calidad de un producto alimentario.

En los últimos años, los progresos efectuados en el sector de los instrumentos científicos han sido numerosos: el HPLC (cromatografía líquida), la espectrometría de masas, la resonancia magnética nuclear, el microscopio electrónico y los sensores, entre otros.

Todos estos instrumentos han permitido tener más conocimientos sobre la composición de los alimentos y, por lo tanto, es posible formular juicios más exactos de calidad y genuinidad.

El análisis sensorial

La consolidación de un producto alimentario, es decir, su valoración, está en función de la calidad sensorial, que constituye un componente esencial para la preferencia y la elección del consumidor. De ahí la progresiva afirmación de la validez del análisis sensorial como instrumento decisivo para un juicio de calidad y para valorar el estado de conservación de un alimento perecedero en el tiempo.

Cada vez es mayor la demanda de productos de servicio (por ejemplo, pizzas) y de productos frescos, como demuestra el espacio que se dedica en los supermercados a los «refrigerados», en donde se encuentra de todo: pizza, pasta, salsas... Debido a que son productos rápidamente perecederos, resulta necesario saber su estado y comprobar sus características organolépticas (olor, sabor, color) al cabo de 5, 10 o 15 días.

Es evidente que el producto, bien conservado, presenta cualidades sensoriales diferentes si se degusta 3 o 10 días después de su elaboración. Una cata efectuada a los 5 días tendrá a buen seguro más consenso que si se efectúa al cabo de 12 días. Pero lo importante es que la diferencia no sea excesiva y que las características cualitativas todavía sean válidas.

Con el análisis sensorial se puede valorar la diferencia entre un alimento en proceso de envejecimiento y uno acabado de elaborar, y de qué manera el paso del tiempo puede influir en los distintos parámetros de calidad: el deterioro sensorial puede resultar del 20 % por el color, del 15 % por el sabor y del 10 % por la consistencia. Es decir, se puede determinar la duración de la vida del producto y definir la fecha antes de la cual el alimento deberá ser consumido. En efecto, dado que las modificaciones sensoriales se producen antes de las microbióticas, si el producto en cuestión se consume después de la fecha de caducidad, pese a ser todavía comestible, ya no conserva íntegras las cualidades organolépticas iniciales.

Este tipo de análisis se ha difundido progresivamente hasta el punto de que algunos sectores, como por ejemplo el del aceite de oliva virgen extra, han obtenido de la Unión Europea el reconocimiento oficial. El *panel test* sirve de complemento a otros análisis químicos y físicos para formular un juicio definitivo de calidad y genuinidad para el aceite de oliva virgen extra. Este examen consiste en someter a la opinión de técnicos catadores, con reconocimiento oficial, muestras de aceite de oliva virgen extra a las cuales se asigna una puntuación para el sabor, el olor y el gusto, que contribuye notablemente a calificar la bondad del aceite.

El químico alimentario, con la ayuda de esta nueva metodología, consigue reducir los problemas que cotidianamente se presentan, especialmente en lo que respecta al conocimiento de las modificaciones que experimentan los alimentos durante los procesos tecnológicos y de conservación.

Todo ello sirve para satisfacer las exigencias del mercado relacionadas con los estándares de calidad, cada vez más rigurosos.

La nariz electrónica y la lengua electrónica

Los sensores han permitido el desarrollo de una nueva técnica, alternativa a las demás, que, mediante el uso de instrumentos ligeros y de pequeñas dimensiones, sencillos y rápidos, con costes de adquisición y de gestión reducidos, ha abierto una nueva vía para controlar la calidad de los productos alimentarios.

El hombre es capaz de identificar ciertos aromas y sabores, pero con estas nuevas técnicas de análisis, que son la nariz electrónica y la lengua electrónica, es posible ampliar significativamente las capacidades perceptivas de los aromas y los sabores. Tanto es así que se logran captar sabores y olores «innovadores», que, junto con los que percibe el hombre, proporcionan una valoración objetiva y total sobre las características cualitativas de los alimentos.

La nariz electrónica es un instrumento dotado de unos sensores químicos capaces de reconocer olores simples y complejos. Incluye un dispositivo que, haciendo uso de recursos químicos, mediante un ciclo de absorción-termodesorción, es capaz de ligar una cierta clase de compuestos, separándolos de los otros. De esta forma, la nariz electrónica percibe los olores, gracias a la sensibilidad de sus sensores y al método de tratamiento de los datos, y los transforma en informaciones y codifica en verdaderas «huellas digitales» absolutamente típicas de un alimento.

Los sensores, que constituyen el alma de la nariz electrónica, están estructurados de forma diversa, pero casi todos trabajan sobre la base de una variación de capacidad de conducción eléctrica, que puede ser medida y registrada, proporcionando informaciones importantes sobre la calidad de la muestra analizada.

Este tipo de análisis ha permitido disponer de conocimientos analíticos hasta hoy inalcanzables. Así, por ejemplo, se han podido caracterizar tipos de miel de distinto origen botánico y geográfico. Y, además, todo esto ofrece la posibilidad de detectar algunos fraudes en el mercado, que hace un tiempo no se perseguían por falta de medios.

Si la nariz electrónica reconoce cada uno de los componentes aromáticos, la lengua electrónica hace lo mismo con los compuestos no volátiles que dan sabor a los alimentos. Al igual que la nariz, la lengua electrónica está formada por una serie de pequeños sensores y de muestrarios que toman la solución del líquido que debe analizarse, y logra identificar (monitorizar y cuantificar) hasta 25 componentes en pocos minutos.

La cuestión de los antiparasitarios y la «lucha biológica»

El uso profuso de antiparasitarios del pasado es un motivo de preocupación para el consumidor. Es cierto, sin embargo, que el continuo aumento de la población mundial y la consiguiente necesidad de aumentar la cantidad de alimentos disponibles han hecho indispensable su empleo en la agricultura. Por otro lado, tal y como ha afirmado la FAO (Food and Agricolture Organisation), la Organización de las Naciones Unidas para la Agricultura y la Alimentación, sin el uso de productos químicos, potencialmente peligrosos si no se manipulan correctamente, aproximadamente el 40 % de la producción anual mundial se habría perdido a causa del ataque de los parásitos.

La contribución de los pesticidas a la reducción de las especies animales fitófagas y de las que se alimentan de productos durante su conservación ha sido determinante, y ello ha permitido aumentar la producción, en el primer caso, y reducir las pérdidas cualitativas y cuantitativas, en el segundo.

Ahora bien, es cierto que, junto a estas ventajas, reconocidas universalmente, se han producido consecuencias negativas por el uso desconsiderado de los antiparasitarios y, sobre todo, por la falta de profesionalidad en su aplicación. No son pocos los casos en que se han hallado residuos químicos en los alimentos, a veces en cantidades superiores a los límites fijados por la ley.

Aunque con el paso de los años este tipo de situaciones se producen con menos frecuencia, gracias a unos conocimientos cada vez mayores de los agricultores, se sigue pensando en soluciones alternativas. Una de ellas es la lucha biológica, que se basa en el principio de que los insectos más fuertes eliminan a los más débiles. Se ha determinado cuáles son las especies más eficaces y se han habilitado pequeños criaderos de laboratorio, que son auténticas biofábricas, capaces de producir grandes cantidades de insectos útiles para eliminar a los nocivos, protegiendo así los cultivos.

Para lograr resultados positivos, la aplicación de la lucha biológica requiere técnicos con experiencia y cualificados. Los márgenes de error son ajustados, porque basta una variación térmica o de humedad para alterar la situación, con el riesgo de que la especie a extinguir elimine a la útil. De todos modos, este peligro no ha desalentado a técnicos y agricultores, que, gracias a los estudios realizados, han ideado la denominada «lucha integrada», es decir, la combinación de antiparasitarios en cantidades mínimas con la lucha biológica.

Sea como fuere, hoy en día los tratamientos antiparasitarios son realizados por técnicos cualificados que se encargan de evitar la introducción en el mercado de productos peligrosos por la presencia de residuos de antiparasitarios.

Los controles analíticos efectuados recientemente en muestras tomadas en países de la Unión Europea han arrojado resultados muy interesantes, ya que de 100.000 muestras analizadas sólo en un porcentaje relativamente bajo (3 %) se ha registrado una presencia de residuos superior a los límites de la ley. Son datos tranquilizadores, a los que se ha llegado gracias a la continuada e intensa labor de información efectuada por los organismos regionales coordinados por el Ministerio que, junto a los acuerdos tomados en la reciente conferencia de Johannesburgo (abolición del uso de antiparasitarios a partir *del año 2018), hará que el uso de estas sustancias vaya desapareciendo progresivamente.*

Con estos nuevos instrumentos se amplía el análisis del producto, ya que estamos cada vez más cerca de anticipar las sensaciones del consumidor en el acto del consumo. La nariz y la lengua electrónicas permiten al consumidor predeterminar la totalidad de los aromas y de los sabores de un alimento, así como conocer cuál podrá ser su reacción en el momento de saborear el producto. Y ello es esencial para prever la acogida de un alimento en el mercado y programar su producción.

Estos instrumentos tienen cada vez un papel más importante en el sector alimentario porque permiten disponer de medios válidos para saber cómo se comportará el alimento durante toda su vida, desde la producción hasta la llegada a la mesa del consumidor.

El control de la estabilidad organoléptica del sabor y de los aromas proporciona al empresario una garantía para determinar el tiempo efectivo de conservación de su producto, y le da la posibilidad de establecer el tiempo durante el cual el alimento conservará sus cualidades organolépticas. Por consiguiente, podrá fijar con más seguridad la fecha de caducidad, que hará constar con la expresión: «Consumir preferiblemente antes de...».

ALGUNOS PRINCIPIOS
DE LA CIENCIA DE LA ALIMENTACIÓN

Para alimentarse bien hace falta tener nociones de nutrición que permitan elegir los elementos más adecuados para la dieta. En primer lugar, hay que conocer los principios nutritivos fundamentales que ofrece cada alimento, pero también conviene valorar otros principios, como los antioxidantes o la fibra, cuyo valor se ha recuperado más recientemente y constituye una novedad para muchos consumidores.

Los principios nutritivos básicos que todos los organismos animales necesitan para llevar a cabo sus funciones vitales son las proteínas (prótidos), las grasas (lípidos) y los hidratos de carbono (glúcidos). Son los constituyentes de los alimentos, es decir, los elementos que utiliza nuestro cuerpo para regular las actividades fisiológicas. Las proteínas tienen una función protectora, porque contribuyen en la construcción y el mantenimiento de los tejidos corporales; se definen como elementos plásticos y provienen de alimentos de origen animal (carne, pescado, leche, huevos) y vegetal (cereales, legumbres). Las grasas (animales y vegetales) y los hidratos de carbono (contenidos sobre todo en los cereales), por el contrario, tienen una función energética y se usan para el desarrollo de las distintas actividades físicas.

Otros principios nutritivos son las sales minerales y las vitaminas (que se encuentran en la fruta fresca y en las verduras), que tienen una función equilibradora, ya que son ricas en sustancias necesarias para regular los procesos biológicos que tienen lugar dentro del organismo.

Todos los alimentos ingeridos, mediante complejos procesos químicos, se transforman en energía, que se expresa en calorías (la caloría es la cantidad de calor necesaria para aumentar en un grado la temperatura de un gramo de agua): 1 g de hidratos de carbono proporciona al organismo 4,1 cal, 1 g de proteínas, 4,1 cal, y 1 g de lípidos, 9,3 cal.

A partir del contenido expresado en principios nutritivos (proteínas, lípidos e hidratos de carbono) se pueden determinar las calorías almacenadas después del consumo de una cierta cantidad de alimentos; por este motivo se hacen constar cada vez con más frecuencia los porcentajes de los principios nutritivos en las etiquetas de los productos alimentarios.

Qué y cuánto consumir cada día

Las calorías necesarias para una persona sana dependen de una serie de factores como el sexo, la edad y, naturalmente, el tipo de vida; normalmente, para una persona de 65-70 kg, las calorías aconsejadas son del orden de 2.600-2.700 si lleva una vida sedentaria, y de 3.100-3.200 si lleva un tipo de vida muy activo. Estos valores disminuyen en un 20 % para las mujeres.

Una alimentación ideal prevé un consumo diario medio de 60-70 g de proteínas, unos 50 g de grasas (cuidado con las «grasas ocultas» que contienen naturalmente los alimentos: es mejor consumir los de origen vegetal que se encuentran en los aceites vírgenes de oliva) y una cantidad de hidratos de carbono equivalente al 50 % de las calorías totales. Con todo, conviene limitar los azúcares al 10 % de las calorías totales y consumir por lo menos 30-40 g de fibra alimentaria.

La importancia de los principios nutritivos

Una alimentación sana ha de asegurar al organismo una cantidad adecuada de energía, que se puede obtener efectuando una elección correcta de las fuentes energéticas: proteínas, grasas e hidratos de carbono son principios nutritivos de importancia fundamental para alcanzar el bienestar físico.

A continuación, examinaremos con más detalle estas sustancias e intentaremos ver cómo deben gestionarse.

Proteínas o prótidos: el nombre proviene del griego *prôtos*, que significa «primero», y en este caso se utiliza en el sentido de «importancia primaria». Las proteínas desempeñan una función de protección, construcción y regulación (por lo tanto, una función esencialmente estructural), y ayudan a sustituir las células que se destruyen. Las proteínas, que se encuentran tanto en el mundo animal como en el vegetal, están constituidas por carbono, nitrógeno, oxígeno e hidrógeno, que, combinados entre sí, forman los aminoácidos. Normalmente, cada proteína contiene unos 15 aminoácidos, que se dividen en esenciales y no esenciales. Los aminoácidos no esenciales se pueden formar en nuestro organismo con la ayuda de las enzimas; los esenciales, en cambio, deben ser ingeridos porque el organismo no es capaz de sintetizarlos. El valor biológico de las proteínas depende del contenido de aminoácidos: algunas de ellas, en particular las de origen animal (carne, huevos, leche, pescado, quesos), tienen un alto valor biológico, mientras que otras de origen vegetal (cereales, legumbres, fruta y verduras), aun siendo muy útiles, carecen de aminoácidos esenciales.

Hidratos de carbono o glúcidos (también llamados carbohidratos): del griego *glykys*, «dulce», son la fuente de energía más importante utilizada por nuestro organismo, esencial para el mantenimiento de la actividad celular. Están formados esencialmente por carbono, hidrógeno y oxígeno, y son los elementos constitutivos más abundantes en vegetales y animales. Se dividen en simples (monosacáridos, como la glucosa y la fructosa, y disacáridos, formados por dos moléculas, como la lactosa y la sacarosa) y compuestos (polisacáridos, formados por varias moléculas, como los almidones). Los glúcidos que se consumen en la alimentación humana son casi exclusivamente de origen vegetal, excepto el glucógeno contenido en la carne, sobre todo en el hígado, y la lactosa contenida en la leche. Los hidratos de carbono se encuentran en la fruta (glucosa y fructosa), en los cereales, en las patatas y en las legumbres, en los que predominan, por el contrario, los almidones (recordemos también que el azúcar usado en la cocina se extrae de la remolacha o de la caña de azúcar). El consumo de hidratos de carbono es muy importante, porque se almacenan como glucógeno en el organismo, pero hay que vigilar los excesos, que pueden traducirse en obesidad.

Grasas o lípidos: del griego *lípos*, «grasa», aportan energía (calorías) y ácidos grasos al organismo. Las grasas tienen una importancia alimentaria relevante, ya que a igual peso proporcionan más del doble de energía que las proteínas y los hidratos de carbono, y pueden ser de origen animal o vegetal. En el primer caso, se encuentran en cantidades discretas en el tejido conectivo subcutáneo e intermuscular de muchos animales; en el segundo, se encuentran en un buen porcentaje en las semillas y las frutas de muchos vegetales. Cuando a temperatura ambiente una sustancia grasa se presenta en estado sólido se define como *grasa* y si se presenta en estado líquido se llama *aceite*. Las sustancias grasas están constituidas por los triglicéridos (resultantes de la unión de ácidos grasos y glicerina) y tienen la característica de escindirse en sus componentes (por vía química y enzimática), dando

DISTRIBUCIÓN DE LOS ÁCIDOS GRASOS SATURADOS E INSATURADOS EN LOS ALIMENTOS

Alimento	Ácidos grasos saturados (%)	Ácidos grasos monoinsaturados (%)	Ácidos grasos poliinsaturados (%)
Aceites vegetales			
aceite de cacahuete	18	56	26
aceite de cártamo	12	10	78
aceite de coco	92	6	2
aceite de girasol	10	18	72
aceite de maíz	16	27	57
aceite de oliva	12	80	8
aceite de palma	45	45	10
aceite de sésamo	13	45	42
aceite de soja	14	30	56
Grasas sólidas			
manteca	32	54	14
mantequilla	58	39	3
margarina	64	30	6
Grasas de carnes			
carne de caballo	32	32	38
carne de cerdo	40	48	12
carne de conejo	40	44	16
carne de cordero	40	55	5
carne de pescado	25	–	75
carne de pollo	26	50	24
carne de ternera	48	49	3

lugar a ácidos grasos y glicerina. Con fines alimentarios, es muy importante saber qué ácidos grasos forman una sustancia grasa: los insaturados son preferibles a los saturados, porque se consideran más beneficiosos para el aparato cardiocirculatorio, mientras que los ácidos grasos saturados son ricos en colesterol.

Un consumo excesivo de grasas comporta, pues, riesgos de arteriosclerosis y de obesidad. Sin embargo, no es posible renunciar a las grasas, porque algunos ácidos grasos saturados son indispensables para nuestro metabolismo.

Los alimentos más ricos en grasas son la crema de leche, la yema de huevo, el chocolate, algunas carnes (sobre todo, de cordero y cerdo), algunos pescados (anguila) y los quesos.

Las vitaminas

Además de los alimentos que proporcionan las calorías, para alimentarse correctamente es indispensable la ingestión de sales minerales y vitaminas.

Las vitaminas son sustancias orgánicas de estructura química carentes de valor energético; pese a actuar en cantidades mínimas, regulan los procesos importantísimos para la vida de las células de nuestro organismo. Por lo general, solamente las producen los vegetales, de los cuales se alimentan los animales. Normalmente, se dividen en dos grupos: las vitaminas hidrosolubles (solubles en soluciones acuosas) y las liposolubles (solubles con las grasas).

Vitaminas hidrosolubles

Vitaminas del grupo B. Las más importantes para nuestro organismo son: la vitamina B_1 (tiamina), que se encuentra en la carne, el hígado, los cereales, la yema de huevo, etc.; la vitamina B_2 (rivoflavina); la vitamina B_6 (piridoxina), que se encuentra en la yema de huevo, la carne, las semillas de soja, etc.; y la vitamina B_{12} (cianocobalamina), presente en carnes, hígado, yema de huevo, pescado y quesos.

Vitamina C (ácido ascórbico): es la «vitamina antiescorbuto» y se encuentra principalmente en los cítricos, en las fresas y en las verduras.

Vitaminas liposolubles

Vitamina A: está presente en el aceite de hígado de los pescados, en la mantequilla, en los carotenoides (zanahorias, tomates, etc.).

Vitamina D: su carencia provoca raquitismo, y está contenida en la mantequilla, en el hígado y en la yema de huevo.

Vitamina E: se encuentra sobre todo en los aceites vegetales.

El calcio

El calcio es indispensable para el organismo para formar y mantener los huesos y los dientes sanos y robustos; sin embargo, estudios recientes han demostrado que la diferencia entre los niveles recomendados y las dosis ingeridas es siempre muy elevada.
El problema se debe a la capacidad de cada organismo de absorber y retener el calcio. Dicha capacidad tiende a empeorar con la edad. Normalmente, la dosis aconsejada es de 1,2 g para los jóvenes y de 1,5 para los ancianos. En cualquier caso, para envejecer sin riesgo de padecer osteoporosis conviene tomar calcio desde la adolescencia, comiendo productos lácteos en abundancia, si bien no siempre es posible asimilar completamente el calcio que se ingiere.
Hay sustancias que están contenidas en algunos alimentos y que ejercen una acción de interferencia que reduce la absorción o dificulta la disponibilidad del calcio. Es el caso de la fibra alimentaria, el té, el café y los oxalatos (sales que contienen algunas hortalizas), por lo cual casi siempre la cantidad real de calcio asimilado por el organismo oscila entre el 30 y el 50 %, respecto a los valores teóricos de la dieta.

Ningún alimento contiene, por sí solo, todas las vitaminas existentes. Como se dirá en el próximo capítulo, la dieta debe ser muy variada para abarcarlas todas. Al cocinar con alimentos ricos en vitaminas es preciso evitar, en la medida de lo posible, que, a causa de los procesos de conservación o de cocción, los alimentos sufran una disminución significativa de contenido vitamínico (por ejemplo, la verdura cocida en agua pierde las vitaminas hidrosolubles; estas, sin embargo, se pueden recuperar comiendo verduras y frutas recién recolectadas).

Se conocen alteraciones ligadas al déficit de vitaminas (avitaminosis) y al exceso (hipervitaminosis).

Sales minerales

Son sustancias carentes de valor energético e inorgánicas, fundamentales para una alimentación sana y equilibrada.

Nuestro organismo necesita unas cantidades determinadas de calcio, cloro, cobalto, hierro, flúor, fósforo, yodo, magnesio, potasio, cobre, sodio y otros minerales presentes en cantidades pequeñísimas. Aparte del cloruro de sodio (sal de cocina), las sales minerales se ingieren con un tipo de alimentación variado.

Antioxidantes y radicales libres

En el mundo científico hay una opinión unánime acerca de la conveniencia de que la dieta contenga una cantidad importante de antioxidantes. Los antioxidantes desempeñan una acción eficaz contra los radicales libres, que son compuestos que tienen la característica de estar constituidos por grupos de átomos o moléculas de alta reactividad, cuya presencia en el organismo puede deberse a factores ambientales o alimentarios. Favorecen el envejecimiento de la piel y de otros tejidos del organismo. Por esta razón, la ingestión sistemática de antioxidantes se considera muy importante para conservar la salud.

Desde el punto de vista nutricional, estos compuestos antioxidantes deben introducirse a diario en el organismo de modo que se garantice una protección constante, ya que el organismo los metaboliza rápidamente. Las sustancias que presentan una acción antioxidante son las vitaminas C y E, que ya se conocen desde hace tiempo, y, entre las que se han descubierto más recientemente, citaremos los polifenoles, las antocianinas, el licopeno, los carotenoides, los tocoferoles y los flavonoides, todas ellas sustancias que se encuentran en el mundo vegetal.

Las fuentes alimentarias más importantes que aportan a la dieta estos compuestos indispensables, y que por ello deberían consumirse con más frecuencia, son la fruta (arándanos, grosellas, cerezas, manzanas, frambuesas, ciruelas, fresones, cítricos), algunas bebidas (té verde, té negro, vino tinto) y algunos vegetales (verduras de hoja ver-

Principales sustancias antioxidantes contenidas en los alimentos

- Los tocoferoles y la vitamina E en el aceite de oliva virgen extra (este aceite no contiene tocoferoles, porque se eliminan en el proceso de refinado);

- los polifenoles en el té verde, la uva blanca y negra, los cítricos, la grosella, las fresas, el brécol, los melocotones, las peras y las manzanas;

- los licopenos en los tomates.

En cuanto a los carotenoides y la vitamina C, los valores se indican en las tablas siguientes:

CONTENIDO DE CAROTENOIDES EN ORDEN CRECIENTE

µg/100 g	Alimento
120	queso
300	guisantes
310	judías verdes
320	espárragos
450	ciruelas
500	aceite de palma
650	tomate
680	brécol
3.500	espinacas
4.000	pimiento rojo
5.000	zanahorias

CONTENIDO DE VITAMINA C EN ORDEN CRECIENTE

mg/100 g	Alimento
10-20	plátano
10-20	cereza
30-40	grosella
40-50	guisantes
40-60	coles
40-100	fresas
50-80	limones
60-100	naranjas
80-100	brécol
100-150	melón
100-200	pimiento verde

de, achicoria roja, cebollas rojas, berenjenas), a los que debe añadirse el aceite de oliva.

En las farmacias también se venden productos a base de antioxidantes: se trata de comprimidos o píldoras que contienen antioxidantes extraídos del mundo vegetal que sirven para complementar las dietas carentes de ellos.

Recientemente, los antioxidantes han empezado a ser utilizados como ingredientes en la preparación de productos conservados. La degradación oxidativa es una de las mayores causas de deterioro de los alimentos, por lo cual, además de reducir la *schelf-life* (vida comercial media del producto), las oxidaciones a menudo son responsables de la formación de sustancias tóxicas y de la disminución del valor nutritivo.

Por lo tanto, la función de los antioxidantes adquiere aún más importancia porque prolongan el tiempo de conservación de las características organolépticas y nutricionales de los alimentos.

Conviene destacar también que los antioxidantes sufren notablemente los efectos de las distintas fases técnicas que constituyen los procesos de transformación de los alimentos. Casi siempre ocurre que la mayor parte del contenido de antioxidantes disminuye, y los alimentos, al perder la capacidad de protección, se deterioran con más facilidad. El objetivo de los productores es mantener en los productos transformados un nivel de antioxidantes muy próximo al inicial, y esto lo logran añadiendo antioxidantes naturales, como si fueran aditivos alimentarios, para que el producto se conserve mejor.

En la práctica, los antioxidantes han adquirido una importancia fundamental en lo que se refiere a la alimentación en clave de salud y bienestar (defienden al organismo de la acción de los radicales libres), lo cual repercute en la industria del sector (protege a los alimentos de las oxidaciones).

La importancia de la fibra en la alimentación

Últimamente se ha valorado este componente y las principales organizaciones mundiales dedicadas a la alimentación recomiendan un aumento del contenido de fibra en la dieta diaria para prevenir numerosas enfermedades. Los datos difundidos por los organismos competentes anuncian que el contenido de fibra alimentaria es inferior al 50 % del valor ideal, si bien hoy en día, gracias a las campañas publicitarias, se está produciendo un aumento constante del consumo de alimentos ricos en fibra, es decir, pan y pasta integrales, fruta y verdura.

La fibra no tiene valor nutritivo, no aporta calorías al organismo, pero tiene efectos de tipo funcional y metabólico. Su consumo, además de prevenir el estreñimiento (función laxante), sirve para combatir varias enfermedades típicas de los países industrializados como la obesidad y las alteraciones metabólicas (diabetes e hipercolesterolemia).

Otra consecuencia positiva del consumo de alimentos ricos en fibra (integrales) es la prevención del cáncer de colon. En efecto, al circular por el aparato digestivo, aumenta de volumen y se convierte en una masa de consistencia gelatinosa que, por su capacidad de retener el agua, es empujada fácilmente por intestino, lo cual reduce el tiempo de tránsito y el contacto entre los productos metabolizados (potencialmente cancerígenos) y las paredes del intestino.

Los alimentos con más contenido de fibra son los vegetales: fruta, verdura, hortalizas y cereales integrales, entre los cuales el más rico es el salvado.

Dado que los procesos de refinado reducen el contenido de fibra, la consecuencia es que los productos refinados son más pobres.

Si se quiere seguir un tipo de alimentación con un aporte correcto de fibra, deben consumirse muchos cereales en forma de pan, pasta y arroz integrales, porque son más ricos que los respectivos productos refinados.

Las verduras, cocidas y crudas, proporcionan un buen aporte de fibra, pero no todas contienen la misma cantidad: una lechuga es menos rica en fibra que las denominadas «verduras duras» (por ejemplo, los rábanos) y que el hinojo, el brécol, los pimientos, las espinacas y las judías verdes (véase la tabla de la página siguiente). Todavía más ricas en fibra son las legumbres (garbanzos, judías, lentejas, guisantes), que deben consumirse, a ser posible, con la piel, porque es la parte que contiene más fibra.

La industria alimentaria, especialmente el sector que se dedica a moler cereales, sensibilizada por la demanda creciente de productos integrales, ha aumentado la producción de alimentos con estas características cada vez más apreciadas por los consumidores. En los últimos años, la revalorización de los productos integrales se debe en gran parte a los nutricionistas, que han dejado claro que se trata de alimentos más completos que sus equivalentes refinados, tanto por su aporte nutricional (más proteínas y vitaminas naturales, más oligoelementos), como por los beneficios reconocidos que aportan al organismo.

CONTENIDO MEDIO DE FIBRA EN PORCENTAJE DE PESO

Verduras y hortalizas	Porcentaje
achicoria	3,5-4
achicoria roja	3-3,5
alcachofa	5-6
algarroba	7-8
brécol	3-4
col de Bruselas	4,5-5
coliflor	2-2,5
judías verdes	3,5-4
nabo	4-4,5
pimientos	2-2,5
rábanos	4-4,5
zanahoria	3-3,5
Cereales y derivados	**Porcentaje**
arroz	1,4-1,5
harina integral	11-12
harina de trigo	3-4
pan	2,5-3
pan integral	5,5-6
pasta	2-2,5
pasta integral	6-7
salvado	45-46
Fruta fresca	**Porcentaje**
albaricoque	1-1,4
ciruelas	1-1,5
fresas	2-2,5
higos	3-3,5
manzanas	2,5-3
melocotones	1-1,5
peras	2,5-3
plátano	2-2,5
Frutos secos	**Porcentaje**
almendras	14,5-15
cacahuetes	9,5-10
dátiles	8,5-9
higos secos	16-17
nueces	5,5-6
pasas	6,5-7

Hoy en el mercado encontramos una amplia gama de productos integrales, como harina, pan, productos del horno y recientemente incluso leche con fibras para equilibrar la flora intestinal.

En la actualidad, el consumidor tiene una gran posibilidad de elección, ya que los productores han creado líneas específicas de alimentos integrales.

De todos modos, sería deseable una puesta al día en materia legislativa para regular la producción y la comercialización de los productos integrales, porque la presencia de sustancias en el germen y en el tegumento puede generar alteraciones muy fácilmente.

Por último, es importante instaurar un control riguroso de las materias primas, que deben carecer de residuos fitofarmacológicos que se podrían encontrar en el producto acabado. Este tipo de alimentos, al no servirse de ningún tipo de refinado que ofrezca la posibilidad de eliminar residuos, es más propenso a este inconveniente.

UNA ALIMENTACIÓN EQUILIBRADA PARA VIVIR BIEN

Prestar atención a lo que se come es un factor fundamental para mantener la salud y tener calidad de vida.

Es bien sabido que una alimentación correcta y equilibrada refuerza las defensas del organismo y lo proteje contra muchas enfermedades.

En épocas recientes, la relación con la comida ha cambiado mucho, en cierta manera también como reacción a los comportamientos alimentarios irracionales que en el pasado resultaron tan perjudiciales para la salud.

Si todos siguiéramos los consejos de los nutricionistas para una alimentación correcta, a buen seguro tendríamos una calidad de vida mejor.

Cuando el consumidor pide consejo para alimentarse correctamente, se le debe explicar que es muy importante elegir alimentos de calidad y variados.

En las reuniones y conferencias a cargo de nutricionistas, que son los expertos del sector, se insiste siempre en este principio y se tratan relacionados con los hábitos alimentarios. La variación en la dieta significa ingerir regularmente casi todos los principios nutritivos (prótidos, lípidos, glúcidos, vitaminas, sales minerales) que el organismo necesita para mantener la salud.

Las reglas de oro para comer bien

- Saber siempre qué se come, es decir, informarse sobre el alimento que se consume y elegir preferiblemente alimentos con etiqueta nutricional en la que figuren los valores en proteínas, lípidos e hidratos de carbono por cada 100 g de producto, así como el valor calórico, un aspecto muy importante.

- Consultar las tablas de la composición de los alimentos para programar las comidas teniendo en cuenta el contenido de proteínas, grasas e hidratos de carbono. El objetivo es comer de forma equilibrada, de modo que el aporte calórico provenga en un 50 % de los hidratos de carbono, en un 20 % de las proteínas animales y vegetales, y en un 30 % de las grasas (mejor vegetales).

- Al no existir un alimento que contenga todos los principios nutritivos, es necesario cambiar las comidas para satisfacer las necesidades del organismo (leche, huevos, queso, carne, pescado, legumbres, aceites, cereales, hortalizas, fruta y verdura), evitando, además, consumir los mismos alimentos durante un tiempo prolongado.

- Tomar alimentos de temporada (fruta y verdura), por el valor nutricional y por el coste inferior.

- Procurar mantener el peso-forma, teniendo en cuenta la relación entre calorías ingeridas y cantidad de ejercicio físico. El sobrepeso causa cardiopatías, hipertensión, etc. Por esta razón, si el peso es superior conviene disminuir equilibradamente el aporte calórico (prefiriendo alimentos pobres en grasas como las hortalizas y la fruta de temporada) y hacer ejercicio.

- Preferir alimentos con más contenido de fibra alimentaria (principalmente porque dan más sensación de saciedad), sin olvidar la fruta de temporada. De este modo se introduce en el organismo una cantidad suficiente de antioxidantes naturales, indispensables para combatir los radicales libres.

- Reducir el consumo de dulces que normalmente contienen cantidades de grasas no desdeñables (las llamadas grasas ocultas) y, por lo tanto, son muy calóricos. Así es como se ingiere una cantidad extra de calorías que luego el organismo no consume.

- Beber *agua en abundancia, especialmente cuando se suda abundantemente, de modo que se conserve el agua que entra y la que sale. Es importante hacerlo durante las comidas y entre ellas.*

- Usar *poca sal; muchos alimentos naturales y transformados ya contienen sal (es aconsejable no acostumbrar a los niños a platos muy condimentados).*

- Reducir *el consumo de carne roja y aumentar el de pescado y productos vegetales.*

- Moderar *el consumo de alcohol. Sin embargo, dos vasos de vino al día, especialmente tinto, son aconsejables por sus propiedades antioxidantes (en el hollejo y las semillas del grano de uva se concentran los polifenoles, sustancias con un efecto protector sobre la enfermedad coronaria).*

- No *olvidar que para estar en forma no existen productos milagrosos: conviene practicar ejercicio físico, un elemento fundamental para favorecer el consumo de calorías. De este modo se mejora la circulación sanguínea y se favorece la oxigenación del organismo.*

- Distribuir *la alimentación en varias comidas poco abundantes, en lugar de comer sólo una o dos veces al día, y no olvidar un buen desayuno.*

- No *dejar de lado el consumo de alimentos conservados (en lata, ultracongelados, liofilizados), que hoy en día, gracias a una tecnología cada vez más avanzada, han alcanzado niveles nutricionales que los convierten en excelentes sustitutos de los productos frescos.*

Siguiendo estos consejos, estaremos en el buen camino para mejorar la calidad de vida. En las páginas siguientes examinaremos con detalle algunos alimentos, para tener una visión más clara de sus valores nutritivos, y así poder alimentarnos de forma equilibrada.

Ello servirá para saciar el gusto y lograr el equilibrio nutricional, sin olvidar que se reducirán los riesgos derivados de una alimentación siempre igual.

Los hábitos alimentarios correctos deben adquirirse desde la juventud. Es un compromiso que deben asumir tanto los padres, que tienen el deber de transmitir a sus hijos una buena educación alimentaria, basada en el conocimiento de los principios fundamentales de una alimentación racional, como el Estado, que debería saber lo determinante que es para una buena cultura alimentaria enseñar ya en la escuela primaria los conceptos fundamentales en los que se basa una alimentación correcta. Si esto fuera así, se evitarían consecuencias desagradables para la salud de los adolescentes y los adultos. Todo ciudadano debería disponer de los instrumentos que le permitieran saber exactamente el valor nutritivo de los alimentos, ya que de este modo podría pensar las comidas en función de los nutrientes que necesita.

Una dieta correcta ayuda a prevenir enfermedades graves como cánceres. Por otro lado, la relación entre su prevención y la alimentación es un punto importante de la investigación en oncología. Se insiste, por ejemplo, en los beneficios de la denominada «dieta mediterránea», a base de hidratos de carbono, aceite de oliva, fruta, verdura y alimentos integrales.

Otro elemento que condiciona nuestras necesidades alimentarias es el actual estilo de vida sedentario, hecho que lleva a no consumir todas las calorías ingeridas en las comidas. Por otro lado, las ocasiones para comer son siempre muy numerosas: reuniones, «aperitivos» y festejos son ocasiones frecuentes para comer entre horas.

En la sociedad moderna está aumentando considerablemente el problema de la obesidad. Para evitar problemas de salud y peso conviene seguir un régimen alimentario conforme a las directrices que marcan los expertos en nutrición. La fruta y la verdura deben formar parte de la dieta diaria. Las estadísticas revelan el bajo porcentaje de niños que comen verduras frescas. Esto resulta muy perjudicial para su salud y plantea la necesidad de una educación correcta en este sentido. Los niños y los jóvenes necesitan una importante cantidad de energía y nutrientes. Las vitaminas y las sales minerales, contenidas en la fruta y la verdura, desempeñan un papel fundamental en los procesos de crecimiento. Además, la fruta y la verdura, especialmente de temporada, son alimentos que aportan enormes beneficios al organismo porque contienen, como ya se ha dicho, las moléculas que combaten los radicales libres, responsables de numerosos perjuicios en la salud. El consumo constante de verduras contribuye, pues, a aumentar las defensas del organismo. Es de lamentar que la escuela y la televisión a menudo favorezcan la difusión de hábitos alimentarios poco correctos, como el consumo de bollería, bocadillos, patatas chips y otros alimentos en bolsa. Los jóvenes han de darse cuenta de que llevar una alimentación sana desde la adolescencia representa una inversión excelente para su futuro.

Algunos conceptos básicos pueden ayudar a los consumidores a elegir una dieta equilibrada. Atendiendo a los principios propuestos por los mejores nutricionistas y médicos especialistas no es difícil alcanzar el objetivo de comer variado, respetando los gustos y las exigencias económicas de cada uno.

Dieta

Con el término *dieta* a veces se entiende erróneamente un régimen para adelgazar o, por lo menos, hipocalórico. Pero, en realidad, la dieta es una opción de vida que no sirve solamente para satisfacer la necesidad energética, sino también para saciar los sentidos sin aumentar el peso corporal. La dieta no debe ser sólo el resultado de un cálculo de calorías, sino que debe plantearse equilibrando los contenidos de proteínas, lípidos e hidratos de carbono. Una alimentación sana debe garantizar al organismo un aporte calórico total, proveniente en un 20 % de las proteínas, en un 30 % de las grasas y en un 50 % de los hidratos de carbono.

La necesidad diaria

En la dieta diaria sería conveniente que hubiera:

* alimentos protectores (leche, quesos, carne, pescado, huevos, legumbres);

* alimentos energéticos (grasas, aceites, cereales);

* alimentos equilibradores (hortalizas, fruta y verduras).

Un factor importante a tener en cuenta a la hora de prescribir una dieta es el tipo de vida de cada individuo. Una actividad sedentaria requiere un determinado régimen alimentario, que será muy distinto del de la persona que tiene un gasto energético considerable, debido, por ejemplo, a una intensa actividad deportiva. El requisito básico para que una dieta sea correcta es que contenga elementos nutritivos y calorías en la medida idónea para las exigencias del individuo, en función de su forma de vida.

Los aceites vegetales en la alimentación

Las sustancias grasas de origen vegetal (aceites) son preferibles, al menos en los condimentos, a las de origen animal (mantequilla, manteca o grasa de cerdo), porque los aceites vegetales son más ricos en ácidos grasos insaturados (monoinsaturados y poliinsaturados). Las grasas animales, en cambio, son más ricas en ácidos grasos saturados. A diferencia de estos últimos, los ácidos grasos insaturados no contienen colesterol, el conocido enemigo de las arterias; es más, contribuyen a disminuir su nivel en la sangre.

Los distintos tipos de aceite, además de constituir una fuente importante de energía (100 g proporcionan 900 cal), son útiles porque transportan las vitaminas liposolubles (A, D, E, K) y aportan dos importantes ácidos grasos: el ácido linoleico y el ácido linolénico, que se definen como esenciales porque el organismo no logra sintetizarlos y se consideran indispensables por su alta función biológica.

Los nutricionistas aconsejan el consumo de aceite de oliva virgen extra en lugar de aceite de oliva o de semillas, ambos de calidad ciertamente inferior. El aceite de oliva virgen extra carece de defectos y tiene excelentes características organolépticas, así como una acidez inferior a 1 %. La extracción del aceite de las olivas se realiza exclusivamente mediante operaciones físicas: el molido, el prensado, el centrifugado (para separar el aceite del agua de la planta) y el filtrado. Dichas operaciones no alteran en lo más mínimo el contenido de componentes menores (betacaroteno, vitamina E y antioxidantes), que constituyen la peculiaridad de este producto. Se trata, pues, de un aceite de alto valor biológico, porque ha conservado inalterado su patrimonio nutricional constituido por vitaminas, antioxidantes (polifenoles y tocofenoles), esteroles, alcoholes alifáticos y aromas.

El precio más elevado del aceite de oliva virgen extra se debe, por un lado, a los mayores cuidados que exige el cultivo del olivo (se necesita mucha mano de obra para la recolección y el transporte a las prensas) y, por otro lado, al valor de sus características organolépticas debidas a la composición armoniosa de los ácidos grasos y a la presencia —no modificada por no haber sufrido procesos químicos— de

Aceite de semillas y aceite de semillas variadas

Desde el punto de vista comercial no debe olvidarse que los aceites de un solo tipo de semilla ofrecen más garantías que los obtenidos de varias semillas, especialmente si estos últimos no llevan en la etiqueta la descripción de los aceites de semillas que componen la mezcla.

componentes menores (tocofenoles y fosfátidos) de altísimo valor biológico, todos ellos factores que justifican ampliamente su elección con respecto a otros tipos de aceite en la alimentación humana.

El aceite de oliva, en cambio, es una mezcla de pequeñas cantidades de aceite de oliva virgen extra y de rectificado, un aceite que se obtiene del llamado aceite lampante (ácido y de olor y sabor desagradables) que inicialmente no es comestible, pero que se puede consumir después de ser sometido a tratamientos tecnológicos químicos y físicos para reducir la acidez excesiva y eliminar el olor y el sabor desagradables. Desde el punto de vista nutricional, este aceite no tiene las cualidades del aceite de oliva virgen extra, porque durante el refinado, es decir, cuando se le aplica un tratamiento térmico drástico, se destruyen algunas de las cualidades nutricionales que caracterizan al aceite de oliva virgen extra.

Por último, los aceites de semillas se obtienen de los frutos de algunas plantas (cacahuetes, soja, girasol, maíz, colza). Una vez limpias, descascarilladas y trituradas, a estas plantas se les extrae el aceite con disolventes orgánicos. El aceite obtenido después de estas operaciones es bastante impuro, motivo por el cual se refina con tratamientos análogos a los que se emplean para la elaboración del aceite de oliva no virgen, y también en este caso el aceite se empobrece en cuanto a principios nutritivos.

El uso del aceite en la cocina

Como se ha visto, prescindiendo de motivos económicos, el aceite que debe preferirse siempre y en todos los casos, para condimentar y para cocinar, es el aceite de oliva virgen extra.

Las principales alteraciones que se producen durante la cocción y, sobre todo, en la fritura se deben a la formación de peróxidos y a su

---

Alteraciones durante la cocción

Es importante destacar que todos los aceites son sensibles al calor. Por esta razón en los procesos de calentamiento (cocer o freír) sufren modificaciones que dependen:

• de la naturaleza de los aceites (cantidad de ácidos grasos insaturados);

• del estado de conservación (acidez-número de peróxidos);

• de la temperatura y del tiempo de calentamiento.

---

polimerización; cuanto más elevada es la cantidad de ácidos grasos insaturados de los aceites de oliva más evidentes son estos fenómenos. Dado que los aceites de semillas contienen más ácidos grasos que los de oliva, debe ser desmentida la idea, a veces apoyada en una publicidad engañosa, de que los aceites de semillas son idóneos para una fritura ligera. Al ser ricos en ácidos grasos poliinsaturados esenciales (linoleico y linolénico), que son poco estables, estos aceites deben utilizarse crudos.

En lo que se refiere al uso en crudo del aceite, a tenor de los conocimientos sobre nutrición de que se dispone hoy en día, se puede aconsejar al consumidor un uso «mixto». En líneas generales, el aceite de oliva virgen extra, por sus cualidades nutricionales y su mayor estabilidad, debe siempre preferirse a los demás. Sin embargo, al contener niveles bajos de ácidos grasos esenciales, podría no ser suficiente para satisfacer las necesidades del organismo.

Una buena solución, ideal desde el punto de vista nutricional, podría ser emplear en crudo una mezcla compuesta por 2/3 de aceite de oliva virgen extra y 1/3 de aceite de semillas (esta mezcla debe prepararse en casa, porque la normativa vigente prohíbe su venta por exigencias de carácter comercial).

El uso de una mezcla de este tipo solucionaría todos los problemas, porque la cuota de aceite de oliva virgen extra aportaría vitaminas, antioxidantes y sabor agradable (ingredientes básicos para una dieta mediterránea), mientras que el aceite de semillas proporcionaría la cantidad necesaria de ácidos grasos esenciales para satisfacer las necesidades del organismo.

Tipos de aceite de oliva comercializados

Aceite de oliva virgen extra: de gusto y sabor perfectos, con acidez en ácido oleico no superior al 1 %, se obtiene a partir de las olivas utilizando exclusivamente medios físicos (moldura, prensado, centrifugado, filtrado), sin tener contacto alguno con disolventes orgánicos. Son los únicos aceites que se pueden comercializar con las etiquetas de calidad de denominación de origen protegida; la variedad, el suelo, el clima y la elaboración, entre otros factores, imprimen el carácter específico al aceite de cada comarca. El aceite de oliva virgen extra es apto para el consumo directo.

Aceite de oliva virgen: de gusto y sabor perfectos, con acidez no superior al 2 %; como el aceite de oliva virgen extra, se obtiene exclusivamente a través de medios físicos y sus características organolépticas son irreprochables (son aromáticos, con cuerpo o suaves, conservan sus vitaminas y antioxidantes naturales), pero con algún defecto ligero. Son aceites aptos para el consumo directo.

Aceite de oliva: es una mezcla de aceite de oliva virgen o virgen extra con aceite refinado (obtenido de aceite lampante, no comestible, tratado químicamente pata eliminar la acidez alta y las características desagradables; debe su nombre a que los romanos lo utilizaban para encender las lámparas). Al no estar prevista una cantidad mínima de aceite de oliva virgen o virgen extra, suele estar constituido en su mayor parte por aceite refinado. Debe tener una acidez inferior al 1,5 %. En el mercado se encuentran habitualmente los tipos 0,4 y 1°. Por su sabor suave, es el más parecido a los aceites de semillas, y el más abundante en el mercado.

Aceite de orujo de oliva: mezcla de aceite de oliva virgen o virgen extra y de aceite de orujo de oliva refinado (es decir, extraído con disolventes orgánicos, como exano o trielina, del orujo de las aceitunas exprimidas). Al no estar prevista una cantidad mínima de aceite de oliva virgen, suele estar constituido en su mayor parte por aceite de orujo refinado.

El pescado

El consejo de los expertos en nutrición es comer sistemáticamente pescado, porque su contenido de ácidos grasos insaturados aporta beneficios a las arterias y a todo el aparato circulatorio (prueba de ello es el bajo índice de enfermedades cardiovasculares en las estadísticas de mortalidad de los esquimales, poblaciones para las que el pescado constituye el alimento básico).

Además, la carne de pescado se caracteriza por un alto contenido proteínico y un contenido lipídico muy variable, que depende de varios factores, como la especie, la parte del animal, el medio del cual procede y la alimentación. Desde el punto de vista nutricional, el pescado, a diferencia de la carne, tiene un contenido muy significativo de ácidos grasos insaturados de la serie Omega 3, vitaminas y oligoelementos, de gran valor nutricional, por lo cual es un alimento que debería ocupar un espacio importante de nuestra dieta.

El pescado de las piscifactorías

La reciente aparición en el mercado de pescado de piscifactoría ha tenido una gran acogida por parte de los consumidores, ya que, por un lado, es un alimento fresco y, por otro, es más económico. En este sentido, la pregunta que surge de forma espontánea es la siguiente: ¿desde el punto de vista nutricional puede considerarse este tipo de pescado un sustituto válido del pescado de captura tradicional?

El gran número de piscifactorías existentes en nuestro país ofrece garantías porque su producción es objeto de controles periódicos por parte de los servicios sanitarios responsables, que se basan en las disposiciones vigentes, nacionales y comunitarias.

Además, tanto el producto fresco como el transformado, antes del consumo, pasan por toda una serie de controles destinados a garantizar su salubridad.

La alimentación de los peces está constituida por productos ricos en proteínas provenientes del pescado (harinas de pescado) y de origen vegetal (soja, maíz, gluten de trigo). El uso de fármacos está reducido al mínimo indispensable, dando prioridad a la calidad del medio y de la cría, de modo que se limite en la medida de lo posible el impacto de las enfermedades. Por otro lado, la utilización de vacunas, bajo control veterinario y cumpliendo con los preceptos legislativos, ayuda a evitar que el pescado sea tratado con medicinas.

No olvidemos que la introducción de la trazabilidad de los productos pone en manos del consumidor los instrumentos para conocer el producto y su origen, y valorar la calidad. Ello no sólo posibilita conocer el nombre comercial y científico de la especie, sino también el país y la región de origen, la fecha de la pesca y del envasado. De esta manera, se realiza el deseo de todo comprador de saber reconstruir con claridad el itinerario de la producción del alimento.

Estudios científicos recientes han comparado la composición del pescado de piscifactoría y de mar, analizando los parámetros nutricionales más interesantes: contenido de Omega 3 y contenido total de grasas y de ácidos grasos insaturados. Se han tomado en consideración dos especies de pescado, la dorada y la lubina. En el caso de las lubinas de piscifactoría, se ha observado un mayor contenido total de grasas, mientras que en las doradas la diferencia ha sido inapreciable; el contenido de ácidos grasos insaturados, en cambio, ha sido idéntico en los ejemplares de cría y los de mar.

Normas sobre los productos de piscifactoría

Años atrás una parte de la prensa europea planteó dudas y generó la alarma respecto a la calidad de los productos de piscifactoría, provocando la reacción de la FEAP (Federación Europea de Productores de Piscifactoría), que constituyó el grupo de trabajo Acuicultura Mediterránea con la misión de establecer un código de comportamiento para sus asociados, que prevé normas muy rigurosas:

• quedan excluidas de la alimentación las proteínas animales de origen terrestre;

• las materias primas para la preparación de los piensos han de estar debidamente controladas y deben cumplir los requisitos de la normativa europea (de este modo se garantiza un producto final sano para el consumidor);

• las instalaciones están obligadas a cumplir unas condiciones idóneas para el ejercicio de su actividad;

• el uso de fármacos debe reducirse al mínimo indispensable y, de todos modos, los fármacos deben emplearse exclusivamente para la salud de los peces y bajo estricto control veterinario.

La aplicación de estas normas rígidas en el sector del pescado de piscifactoría ha comportado un fuerte incremento de este tipo de producto, que hoy en día constituye más del 25 % del total de pescado que se consume.
Sin embargo, también en este sector hay que ser prudente, porque algunos países han invadido los mercados europeos con doradas y

lubinas a precios muy bajos, que han planteado serias dudas sobre los sistemas higiénicos, sanitarios y alimentarios de cría utilizados.

En efecto, se ha formulado la hipótesis de que la posibilidad de aplicar precios bajos se explique por el ahorro en la mano de obra empleada para la limpieza de los criaderos, que es una operación muy importante cuya omisión puede provocar que los animales se nutran de sus propias heces, depositadas en el fondo.

En consecuencia, el consumidor debe estar siempre alerta, tarea que le es facilitada por una reciente norma comunitaria que obliga al vendedor a exponer en un cartel las siguientes indicaciones:

- *la especie del pescado;*

- *el tipo de captura;*

- *la zona de procedencia;*

- *si se trata de pescado de mar o de piscifactoría.*

A buen seguro, los sistemas de cría en cautividad han permitido disponer de grandes cantidades de pescado, pero es indispensable asegurar la calidad de la producción, certificando su procedencia y garantizando el aspecto sanitario (garantía higiénica) y que sea fresco (cualidades organolépticas), para poder competir con la producción externa que ha invadido nuestros mercados a precios muy bajos.

La cantidad menor de grasas que contiene el pescado de mar se explica por el hecho de que este realiza un gasto mayor de energía, para procurarse el alimento y para escapar de los peces más grandes. El pez que vive en una piscifactoría no tiene estos problemas, ya que dispone tranquilamente de comida.

El pescado azul

La denominación de pescado azul no corresponde a una única especie definida con criterios científicos. Esta definición abarca todo el pescado que tiene el dorso de color azulado (o con tendencia al verde) y el vientre plateado. Es de tamaño pequeño y está muy difundido en nuestros mares, motivo por el cual se vende a un precio relativamente bajo.

El pescado azul es un alimento capaz de satisfacer las exigencias de todos los miembros de la familia, ya que por su valor nutricional es saludable para pequeños y adultos.

Es un producto con un aporte calórico no demasiado alto: 100 g de parte comestible (es decir, de carne sin escamas) contienen poco más de 100 cal; debemos precisar que la sardina y la caballa son más grasas que la anchoa; por consiguiente, conviene escoger el tipo de cocción apropiado, a la parrilla, para reducir la cantidad de grasa. La fritura, que se utiliza para las anchoas, aumenta su poder calórico, porque el aceite usado para freír aumenta el aporte calórico, igual que ocurre con el pescado azul conservado en aceite.

En cambio, si el pescado azul se cocina apropiadamente, gracias a su alta digestibilidad, contenido vitamínico y de sales minerales, aporte proteínico de alta calidad y tipo de ácidos grasos poliinsaturados, constituye un plato de alto valor nutricional, muy sabroso y, además, de precio asequible.

Aunque posee todos estos elementos de calidad, el pescado azul se come principalmente en las zonas litorales; en las grandes ciudades, los consumidores se inclinan por pescados más apreciados, algunos de los cuales escasean en nuestros mares y deben importarse, con lo cual son más costosos y menos frescos.

El desarrollo de una política orientada a una mayor información del ciudadano, basada en la necesidad de aprender los valores nutritivos reales de algunos tipos de pescado, serviría para que los consumidores adoptaran una dieta más racional, sana y a un precio módico.

La fruta y la verdura

Todo el mundo conoce la importancia de la fruta y de la verdura en la alimentación. En la televisión, los expertos en nutrición insisten continuamente en lo que enriquecen la dieta estos productos y en sus cualidades benéficas, que contribuyen en gran medida a la mejora del bienestar físico. A continuación, veremos por qué se consideran indispensables estos productos.

La fruta, que aporta al organismo una cantidad discreta de energía, es rica en:

- azúcares (glucosa, fructosa y sacarosa: las dos primeras son azúcares simples, fáciles de digerir);

- vitamina A (albaricoque, palo santos, naranjas), C (cítricos, fresas, frambuesas, palo santos) y PP;

- sales minerales (calcio, hierro, potasio y fósforo);

- ácidos orgánicos (tartárico, cítrico y málico), que, a pesar de no tener una gran importancia nutritiva, contribuyen en la formación del sabor que caracteriza cada tipo de fruta.

Sin embargo, la fruta carece prácticamente de proteínas y lípidos. No debe ignorarse su contenido de fibra, que se localiza sobre todo en la piel, que a veces se aconseja no consumir por miedo a los residuos de productos antiparasitarios. A decir verdad, tal como se ha explicado anteriormente, este peligro está desapareciendo gracias a la mayor profesionalización de las labores del campo, al menor uso de estos productos y, sobre todo, a los controles instaurados.

Últimamente también se ha dado mucha importancia a los pigmentos (carotenoides, antocianinas, flavonoides), responsables del color característico y considerados también indispensables para las funciones vitales y para combatir los radicales libres.

La fruta debe ser recolectada en el momento adecuado para evitar variaciones en su composición. La temperatura, la luz del sol y el periodo de permanencia en el árbol determinan la cantidad de azúcares,

---

Tipos de hortalizas

Las hortalizas pueden ser:

- de hoja (lechugas, acelgas, espinacas);

- de fruto (tomates, pimientos, berenjenas, calabacines);

- de raíz (zanahorias, remolachas, nabos, espárragos);

- de flor (coliflor, brécol);

- de semilla (judías, lentejas, guisantes).

vitaminas y sales minerales que se encuentran en el producto acabado. Sin embargo, los intereses comerciales a veces fuerzan los plazos, anticipando o atrasando la cosecha, y esto hace que los productos presenten diferencias con respecto a como habrían sido si hubiesen madurado según los ciclos naturales. Puede ocurrir, incluso, que la cosecha anticipada de manzanas, conservadas en cámaras frigoríficas, presente frutos verdes con el mismo color rojo vivo que los frutos maduros.

El constituyente fundamental de las hortalizas es el agua, mientras que se puede omitir el contenido de proteínas, lípidos y glúcidos. Su principal característica nutricional es el contenido vitamínico y de sales minerales, que son más importantes que en la fruta. Con respecto a esta última, las hortalizas presentan algún inconveniente: por ejemplo, a veces se deben cocer antes de consumirlas, lo que puede provocar un empobrecimiento del patrimonio vitamínico; pero también tienen alguna ventaja respecto a la fruta: contienen una cantidad elevada de fibra, que da una sensación de saciedad en relación con el aporte calórico. Más adelante examinaremos detalladamente las legumbres.

CONTENIDO DE VITAMINAS Y SALES MINERALES
DE ALGUNOS TIPOS DE FRUTA

Fruta	Vitamina A (retinol eq., mg)	Vitamina B (mg)	Vitamina C (mg)	Hierro (mg)	Calcio (mg)	Fósforo (mg)
albaricoque	350	0,03	14	0,6	18	20
cereza	18	0,04	12	0,5	28	18
ciruela	16	0,04	5	0,2	12	15
fresa	5	0,03	50	0,7	35	30
higo	16	0,05	7	0,4	44	25
manzana	10	0,02	5	0,3	7	11
melocotón	34	0,02	4	0,4	4	20
naranja	65	0,05	50	0,2	38	20
pera	2	0,03	4	0,2	5	10
plátano	46	0,06	15	0,7	6	26
uva	5	0,05	6	0,4	25	5

COMPOSICIÓN QUÍMICA Y VALOR ENERGÉTICO DE LA FRUTA DE TEMPORADA MÁS COMÚN (%)

Fruta	Agua	Prótidos	Lípidos	Glúcidos	Fibra	Calorías (kcal/100 g)
albaricoque	86	0,3-0,4	0,1	6-7	1,5-2	28-30
castaña	41	3,5-4	1,5-2	42-43	9-10	185-190
cereza	86	0,7-0,9	0,1	9-10	1-1,5	38-40
ciruela	87	0,4-0,5	0,1	10-11	1,5	42-43
fresa	90	0,7-0,9	0,3-0,4	5-6	1,5-2	26-28
higo	80	0,7-0,9	0,1-0,2	11-12	2-2,5	48-50
kiwi	85	1-1,2	0,5-0,6	9-10	2-3	43-45
manzana	85	0,2	0,3	10-11	2	45-46
melocotón	90	0,6-0,8	0,1	6-7	2-3	26-28
naranja	87	0,6-0,7	0,1-0,2	7-8	1,2-1,6	32-34
pera	86	0,3	0,4	9-10	2-3	40-42
plátano	75	1-1,2	0,2-0,3	15-16	1,5-2	66-68
sandía	95	0,3-0,4	0	3,5-4	2-3	15-17
uva	81	0,4	0,1	16-18	1-1,5	60-62

COMPOSICIÓN QUÍMICA Y VALOR ENERGÉTICO DE LOS FRUTOS SECOS MÁS COMUNES (%)

Fruta	Agua	Prótidos	Lípidos	Glúcidos	Fibra	Calorías (kcal/100 g)
almendra	12	15-16	50-51	4	14-15	545-550
cacahuete	3-4	29-30	50	8-9	10-11	600
castaña	10	4-5	3	81-82	13-14	350-355
ciruela	29-30	2-2,5	0,5	55-56	9-10	220-225
dátil	18	2,5-3	0,6	63-64	8-9	250-255
nuez	6-7	15-16	62-64	6-7	6-7	650-660

**COMPOSICIÓN QUÍMICA Y VALOR ENERGÉTICO
DE ALGUNAS HORTALIZAS (%)**

Hortaliza	Agua	Proteínas	Lípidos	Glúcidos	Fibra	Calorías (kcal/100 g)
alcachofa	85	2,5-3	0,1-0,2	10-11	1,5-2	54-56
berenjena	93	1-1,5	0,2	4-5	1,0	24-26
brécol	90	2-3	0,3-0,4	4-5	1,0	28-30
calabacín	92	1-2	0,1-0,2	4-5	0,8-0,9	24-26
cardo	95	0,6	0,1	1,5-2	1,5-2	10-12
col blanca	91	1,5-2	0,1	3-3,5	1-1,5	18-19
col lombarda	92	2	0,1-0,2	2-4	1,0	20-22
coliflor	90	3-3,5	0,1-0,2	3,5-4	1,5-2	24-26
espárrago	94	2	0,1	2-3	0,7-0,9	14-16
espinaca	93	2	0,3-0,4	2-2,5	0,6	18-20
hinojo	86	2-3	0,2-0,3	8-9	1,0	30-40
remolacha	88	1-2	0,1	8-9	1,0	30-32
tomate	94	1,0	0,2	3-4	0,6-0,7	18-20
zanahoria	90	1	0,2	7-8	1,0	34-36

Tipos de leche que se comercializan

La leche es un alimento completo e indispensable para nuestro organismo. El consumidor ha de saber valorar las diferencias entre los tipos de leche comercializados, tanto desde el punto de vista de los contenidos, como de los procesos por los que han pasado antes de ser puestos a la venta.

Según el tratamiento térmico, encontramos los siguientes tipos de leche:

Leche pasteurizada: dura cuatro días y se conserva en el frigorífico; para poder ser definida como leche fresca ha de tener un contenido en seroproteínas no inferior al 14,50 %; si el porcentaje de seroproteínas es superior al 15 %, la leche se considera de alta calidad.

Leche UHT (*Ultra Heat Treatment*) de alta conservación: ha sido esterilizada antes del envasado. Se conserva tres meses a temperatura ambiente; una vez abierto el envase, debe conservarse en el frigorífico, y sólo dos días.

Leche esterilizada: es una leche UHT que pasa por un proceso de esterilización después del envasado y tiene una duración de seis meses. Se conserva a temperatura ambiente, pero una vez abierto el envase debe guardarse en el frigorífico. Tiene un sabor característico de leche hervida.

Dependiendo del porcentaje de materia grasa existen los siguientes tipos de leche:

Leche entera: contenido de materia grasa no inferior al 3,5 %.

Leche semidesnatada: contenido de materia grasa entre el 1,5 y el 1,8 %.

Leche desnatada: contenido de materia grasa inferior al 0,3 %.

Recientemente han salido a la venta otros tipos de leche: la leche sin lactosa (la lactosa es un azúcar al que ciertas personas muestran intolerancia), la leche desalada (para dietas hiposódicas), la leche vitaminizada (con un mayor aporte de vitaminas, especialmente vitamina D). Una leche especial es la leche UD *(High Digestible)*, que es baja en lactosa (mediante un proceso físico la lactosa se escinde en glucosa y galactosa, y ello hace que sea más digerible).

Al escoger la leche, debemos considerar que la pasteurizada tiene un valor nutricional mayor, porque al haber recibido un tratamiento térmico suave, conserva inalterados los principios nutritivos.

Alimentos indispensables: pan, pasta y arroz

Algunos alimentos son básicos para garantizar una alimentación sana y correcta. Se trata del pan, la pasta y el arroz, que se caracterizan por un alto valor energético y un precio módico.

El pan

El pan es un alimento base que se consume en todo el mundo y se obtiene mediante la cocción de una masa hecha con harina de grano tierno, agua, levadura y sal. El proceso de panificación consiste en provocar por medio de algunos microorganismos (levaduras) un gas en la masa, que la hincha porque se dilata y la superficie externa es resistente.

Las condiciones para obtener un buen pan son las siguientes: respetar la proporción de los ingredientes, que la harina usada contenga en la debida proporción dos proteínas (gliadina y glutenina) y que la relación azufre-nitrógeno sea lo más baja posible.

El poder nutricional del pan depende del tipo de harina. Últimamente se prefieren las harinas poco refinadas (tipo 2 o integral). El pan integral tiene un contenido calórico menor que el del pan blanco, porque contiene una cantidad menor de almidones y más fibra, y por esa razón aporta menos energía.

Características apreciables en el pan

Un buen pan ha de tener las características siguientes:

* *costra crujiente y homogénea;*

* *miga de color pajizo claro;*

* *aroma y sabor agradables y característicos;*

* *contenido de agua inferior al 29 % en las piezas de hasta 70 g y del 40 % en las de más de 100 g;*

* *un volumen consistente.*

Posibles defectos del pan

* *Un mal aspecto general puede ser causado porque el pan se ha moldeado mal o se ha colocado mal en el horno, por falta de vapor en este, porque se ha formado costra durante la fermentación por falta de humedad, por un manejo poco cuidadoso de las piezas una vez cocidas.*

* *Falta de volumen: harina de bajo porcentaje en gluten; masas frías, duras y sometidas a trabajo excesivo; mucha sal; poco desarrollo en la fermentación; horno demasiado caliente o con poco vapor; manipulación excesiva.*

- *Exceso de volumen: excesivo desarrollo en la fermentación; sal insuficiente; horno frío; masa blanda con mucha levadura.*

- *Defectos en la granulidad o la estabilidad de la miga: harinas flojas y mal equilibradas; poco desarrollo mecánico y fermentación excesiva. Si la porosidad de la miga no es homogénea, se ha producido una fermentación irregular.*

- *Grietas en la corteza: fermentación excesiva; horno muy caliente; exceso de aditivo; falta de gluten en la harina; frío donde se almacena el pan; humedad insuficiente en la fermentación.*

- *Corteza del pan muy oscura: harinas procedentes de trigos germinados; poca fermentación; exceso de azúcar.*

- *Color irregular: uso de harinas mal molidas.*

El fraude más frecuente en el sector del pan es la venta de pan con un contenido de agua superior al que establece la ley; esto ocurre cuando el pan se produce con una cocción corta y a temperatura alta (recordemos que el pan todavía caliente pesa un 2 % más).

En las panaderías, además del pan común o blanco, se venden otros tipos de pan: el pan integral, preparado con harina integral de grano tierno; el pan de grano duro, que se hace con sémola de grano; los panes especiales, que se elaboran a partir de los mismos ingredientes que el pan común pero añadiendo grasas, aceite de oliva, manteca de cerdo o leche; en algunos casos se añaden, incluso, pasas, higos, olivas, miel, orégano o sésamo.

Sustitutos del pan

Los sustitutos del pan son los colines o palitos, los crakers, el bizcocho o el pan tostado, productos que se obtienen a partir de los mismos ingredientes que el pan, pero añadiéndoles grasas o aceites vegetales. Su aparente ligereza se debe solamente al menor contenido de agua, pero en realidad, al contener más proteínas, almidones y grasas, aportan más calorías.

Las personas obesas que controlan la cantidad de calorías de las comidas deben tener presente que 100 g de colines o palitos o de crackers tienen un poder calórico equivalente al de 160 g de pan.

Otros dos tipos de pan muy conocidos son el de centeno, que contiene un buen porcentaje de semilla de centeno, y el pan de molde, que se diferencia de los otros panes porque se prepara con levaduras químicas.

La pasta

La pasta se ha convertido en un componente indispensable de muchas gastronomías. Surgió en el sur de la península itálica, y poco a poco fue extendiéndose al norte, a los países del entorno y prácticamente al resto del planeta, convirtiéndose así en un producto italiano conocido internacionalmente.

La pasta se obtiene por desecación de una masa no fermentada elaborada con sémolas o harinas de trigo duro, semiduro o blando, mezcladas con agua. No obstante, en Italia, cuna de este alimento, la legislación establece que la pasta seca sólo puede ser preparada con sémola de grano duro y agua; no está permitido el uso de sémola de grano tierno porque se obtendría una pasta menos resistente que soltaría el almidón durante la cocción. La mezcla de harinas de grano tierno y de grano duro fue en el pasado uno de los fraudes comerciales más habituales, cuando no había métodos de análisis adecuados para descubrir este tipo de fraude. De este modo, productores deshonestos pudieron obtener beneficios económicos en perjuicio de los compradores honestos. Pero desde hace un tiempo se ha implantado una técnica de análisis que permite identificar las características de las proteínas de la pasta y averiguar si provienen de grano duro o grano tierno.

En general, en el resto de países, para elaborar pasta de calidad superior sólo se utiliza trigo duro, que contiene más gluten que el común o blando, y agua. No obstante, la harina de grano tierno puede utilizarse para la producción de pasta alimenticia fresca.

La pasta tiene un valor nutricional elevado y es fácil de digerir. Es rica en hidratos de carbono y muy pobre en grasas, mientras que las proteínas figuran en una cantidad significativa (el 11 %, aproximadamente). El aporte calórico de la pasta por sí sola es relativamente bajo. Sin embargo, gracias a sus posibilidades gastronómicas, se puede combinar con varios condimentos que la enriquecen desde el punto de vista calórico. Un potaje de pasta y judías (u otra legumbre), más aceite de oliva virgen extra en su justa cantidad, constituye un plato con aporte proteico y energético suficiente para satisfacer las necesidades nutricionales diarias. Un plato de este tipo comprende todos los principios nutritivos que sugiere la tan comentada dieta mediterránea.

COMPOSICIÓN NUTRITIVA POR CADA 100 G DE PASTA, EN CRUDO

	Energía (kcal)	Hidratos de carbono (g)	Proteínas (g)	Grasas (g)	Fibra (g)	Fósforo (mg)	Potasio (mg)	Vit. B$_1$ (mg)	Vit. B$_2$ (mg)	Vit. B$_3$ (mg)
Pasta seca	342	74	12	1,8	2,9	190	250	0,22	0,03	5,6
Pasta al huevo	362	70	12,3	2,8	3,4	191	164	0,17	0,07	1,9

Tipos de pasta

Pasta seca: se produce exclusivamente con harina de grano duro y agua.

Pasta al huevo: debe contener por lo menos cuatro huevos de gallina por cada kilo de sémola.

Pasta dietética: se enriquece con un principio activo que normalmente está constituido por proteínas.

Pasta fresca: tiene un contenido de agua superior al de la pasta seca y por su preparación está permitido el uso de harina de grano tierno.

Posibles defectos de la pasta

- **Aspecto veteado:** a causa de un secado irregular; al cocerse tiende a hacerse pegajosa, se rompe y pierde consistencia.

- **Pasta con hendiduras:** la causa son los golpes sufridos durante el proceso de producción o envasado; cuando se cuece se abre.

- **Puntos negros:** dependen de las características de la sémola de la que se ha obtenido; el aspecto no es agradable.

- **Pasta infestada:** a causa de condiciones higiénicas deficientes o a la proximidad de cereales o harinas; no es comestible.

- **Pasta con puntos blancos:** se debe a irregularidades producidas durante el proceso de amasado; el aspecto no es agradable.

Es importante recordar que la pasta larga se conserva en paquetes de papel, y la corta, en bolsas. Se permite la comercialización de la pasta solamente en presentaciones de 100, 250, 500 y 1.000 g, y también múltiplos de mil. La implantación comercial de la pasta en todo el mundo se explica por la posibilidad de preparar platos sabrosos y de valor energético consistente con un bajo coste.

El arroz

Es un producto originario de los países orientales, en donde constituye desde siempre el alimento básico de la dieta. Posteriormente, se extendió por otras zonas del planeta, alcanzando una gran popularidad.

Cuando se recolecta se obtiene el arroz selecto que, para ser conservado hasta el inicio de los procesos industriales, se deseca ligeramente. El arroz que encontramos en los comercios es el producto de una serie de operaciones que van desde la separación de las impurezas y de las partes inutilizables para la alimentación (descascarillado)

La clasificación del arroz

El arroz se comercializa según las dimensiones y la forma del grano. Existen cuatro categorías:

• arroces comunes;

• arroces semifinos;

• arroces finos;

• arroces superfinos.

La diferencia entre las distintas categorías es bastante simple, ya que la ley obliga a que en el envase del arroz figure el grupo al cual pertenece y la variedad: por ejemplo, «arroz fino (nombre de la marca)». Sin embargo, esta clasificación resulta de poca ayuda para el consumidor, ya que no hace ninguna referencia a las cualidades comerciales y nutricionales del arroz; ciertamente, sería mucho más útil que se hiciera constar el grado de refinado, que es un parámetro de referencia muy importante para determinar el poder nutritivo.

hasta la obtención del arroz integral; una selección posterior separa los granos rotos y los estratos externos del arroz integral para obtener finalmente el arroz refinado.

Desde el punto de vista nutritivo el arroz posee entre el 7 y el 9 % de proteínas, y tiene un contenido elevado de hidratos de carbono (85-90 %), mientras que la presencia de oligoelementos y de vitaminas depende del grado de refinamiento. Cuanto más refinado es, menor es su contenido de vitaminas y sales minerales.

El almidón de arroz es un producto muy digerible. Debido a esta característica se tritura y se utiliza para preparar sémolas y cremas de arroz, que son comidas excelentes para los niños.

Cada variedad de arroz tiene un uso preferente: el pequeño va bien para los potajes, el mediano se utiliza para caldos y el más grande para ensaladas. Desde hace unos años ha aparecido un nuevo tipo de arroz llamado *parboiled* (parcialmente hervido). Es un producto obtenido del arroz selecto por inmersión en agua y un tratamiento al vapor que permite la difusión hacia la parte interna del grano de las vitaminas hidrosolubles contenidas en el germen y en la piel, con el resultado de que estos principios nutritivos no se eliminan durante el refinado. El arroz *parboiled* posee, pues, un valor nutricional superior al arroz refinado, puesto que tiene una composición muy similar a la del arroz integral, con la única salvedad de que contiene menos fibra. Este tipo de arroz presenta, además, otra peculiaridad, que es la de conservar los granos enteros y aguantar bien la cocción. Por todo ello se vende a un precio superior al del arroz refinado.

En el mercado encontramos otros tipos «especiales» de arroz: el arroz *converted*, parecido al *parboiled*; el arroz «precocido», que se obtiene tratando al vapor el arroz refinado, de modo que resiste mejor la cocción; el arroz «rápido», que se cuece más rápido; y, finalmente, el «arroz enriquecido» con vitaminas.

Últimamente, gracias en parte a los nuevos conocimientos en materia de nutrición, se está consolidando el arroz integral, que contiene más vitaminas, fibra y grasas que los otros (aunque el contenido su-

COMPOSICIÓN DEL ARROZ SEGÚN EL TIPO DE ELABORACIÓN (%)

Tipo de arroz	Proteínas	Lípidos	Glúcidos
descascarillado	8 aprox.	2,0 aprox.	85-86
parboiled	7,5 aprox.	0,5 aprox.	89-90
refinado	7 aprox.	0,4 aprox.	90 aprox.

perior de grasas constituye más bien un defecto, porque acorta el tiempo de conservación, por lo cual este arroz necesita ser consumido poco tiempo después de la producción).

Alimentos que no debemos subestimar: las legumbres

Las legumbres se han considerado durante mucho tiempo la «carne de los pobres», ya que están constituidas por elementos que ennoblecen la ración alimentaria, si bien es cierto que requieren una preparación adecuada antes y después de la cocción para poder ser consumidas por todos sin inconvenientes.

Son legumbres las judías, los garbanzos, las lentejas, las habas y los guisantes. Todos ellos se caracterizan por un elevado contenido de proteínas, mayor que cualquier otro producto natural de origen animal y vegetal, y por un alto contenido de hidratos de carbono disponibles (es decir, que pueden ser digeridos y absorbidos por el organismo); en consecuencia, tienen un alto valor energético (100 g de legumbres proporcionan una media de 300 cal).

Junto con las hortalizas, las legumbres son los alimentos de origen vegetal más ricos en hierro. También poseen muchas vitaminas del grupo B y muchos otros principios nutritivos (consúltese en la tabla de la página siguiente sobre la composición media de las legumbres secas). En definitiva, son alimentos muy valiosos para una alimentación racional y económica.

Las legumbres también pueden consumirse tiernas, pero conviene precisar que, desde el punto de vista nutricional, son muy variadas, porque tienen un contenido de agua que va del 70 al 80 %, y la concentración de elementos es bastante pequeña.

Se dice que las legumbres son pesadas de digerir y que provocan problemas intestinales, pero se trata de creencias erróneas. Un recurso para hacer que sean más tolerables y favorecer la digestión es dejarlas en remojo entre 12 y 24 horas. El agua, que debe cambiarse tres o cuatro veces, ablanda la cutícula externa y facilita la descomposición. El efecto que suscita más lamentaciones es la producción de gases intestinales (meteorismo). Este problema puede evitarse si en lugar de consumir las legumbres enteras se les retira la piel, que es poco digerible. El meteorismo es un fenómeno propiciado por los alimentos que contienen demasiados almidones, como las legumbres; de todos modos, nuestro intestino digiere bien los almidones si están bien cocidos (hay que prestar atención a la cocción excesiva del almidón, que genera agua almidonada, muy poco digerible).

Gran parte de nuestra producción de legumbres se destina a la conserva. La tecnología moderna ha permitido obtener productos que, una vez cocinados, son tan sabrosos que no es fácil diferenciarlos de los de temporada, con la ventaja de que podemos disponer de una amplia gama de legumbres a lo largo de todo el año.

COMPOSICIÓN MEDIA DE 100 G DE LEGUMBRES SECAS

proteínas	20-25 %
fibras	12-25 %
agua	10-12 %
lípidos	3-6 %
fósforo	300-450 mg
calcio	90-100 mg
hierro	4-6 mg
niacina	2-2,5 mg
tiamina	0,40-0,60 mg
riboflavina	0,20-0,25 mg
calorías	290-310

COMPOSICIÓN QUÍMICA Y PODER CALÓRICO DE ALGUNAS LEGUMBRES POR 100 G DE PRODUCTO (%)

Legumbre fresca	Agua	Proteínas	Lípidos	Glúcidos	Calorías (kcal/100 g)
guisante	75	6-7	0,2	12	75
haba	80	5-6	0,2	4-5	35
judía verde	60	6-7	0,6	19-20	100
Legumbre seca	Agua	Proteínas	Lípidos	Glúcidos	Calorías (kcal/100 g)
garbanzo	13	21-22	4-5	54	330
haba	13	26-27	2-3	55	340
judía	10	23-24	2-3	50	310
lenteja	12	24-25	2-3	54	325

Recientemente, en el ámbito médico se han revalorado algunos aspectos nutricionales de las legumbres, a la vez que los avances tecnológicos han permitido definir mejor sus tratamientos de cocción y las formas de utilización. Todo ello ha redundado en la recuperación del uso de estos productos, y los consumidores han redescubierto el papel de las legumbres en la alimentación, no sólo como una alternativa más, sino un ingrediente a utilizar en la cocina de todos los días.

Alimentos que deben consumirse con atención: carne, despojos, embutidos, quesos, bollería

Hay toda una serie de alimentos que deben consumirse en cantidades controladas; son indispensables para una alimentación correcta, siempre y cuando no tengan un peso excesivo en la dieta.

Las carnes

La carne es uno de los productos básicos de la alimentación y debe ser considerada un integrador de la dieta equilibrada, pero no el alimento principal. El contenido de proteínas (20 %, aproximadamente) es muy importante porque tienen un alto valor biológico, ya que contienen los ocho aminoácidos esenciales, que son los que nuestro organismo no es capaz de sintetizar. Los otros componentes son, aparte del agua (1,80 %, aproximadamente), las grasas (del 1 al 25 %) y las sales minerales (1 %, aproximadamente).

Las carnes se dividen en rojas (equina, bovina, de cerdo), blancas (de pollo y ovina) y oscuras (caza). Los pigmentos son los responsables del color de la carne, mientras que la cantidad y el estado químico de la mioglobina (que se halla en los haces musculares) determinan el aspecto superficial.

La cantidad de mioglobina está determinada por la actividad muscular. Así, la carne de liebre contiene más mioglobina que la de conejo, y la de ternero más que la de ternera. El color rojo púrpura de la carne recién picada se debe precisamente a la mioglobina que, en contacto con el oxígeno, se transforma primero en oxihemoglobina (color rojo vivo) y luego en metoxihemoglobina (color rojo oscuro). Sin embargo, el cambio de color se registra sólo en la superficie, mientras que la parte interna conserva el color rojo. Por lo general el consumidor prefiere las carnes de color rojo porque el rojo es signo de frescu-

COMPOSICIÓN QUÍMICA Y VALOR ENERGÉTICO
POR 100 G DE PARTE COMESTIBLE (%)

Alimento	Parte comestible (%)	Agua	Proteínas	Lípidos	Glúcidos disponibles	Fibra alimentaria	Energía (kcal)
bovino adulto (carne grasa)	100[1]	52,1	15,8	29,2	–	0	330
bovino adulto (carne magra)	100[1]	72,1	20,7	5,1	–	0	129
bovino adulto (carne semigrasa)	100[1]	64,8	18,8	15,4	–	0	214
bovino ternera[2] (carne grasa)	100[1]	66,3	18,1	14,6	0	0	204
bovino ternera[2] (carne magra)	100[1]	71,5	21,3	3,1	0	0	113
bovino ternera[2] (carne semigrasa)	100[1]	69,6	19,1	9,3	0	0	160
bovino ternero[2]	100[1]	76,9	20,7	1,0	0,1	0	92
caballo	100[1]	74,1	21,7	2,7	0,5	0	113
cabrito[3]	75	74,5	19,2	5,0	–	0	122
capón	100[1]	60,6	16,7	17,7	–	0	226
caracol	24	82,8	12,9	1,7	–	0	67
cerdo graso (carne grasa)	100[1]	75,3	18,7	3,0	–	0	394
cerdo graso (carne magra)	100[1]	72,5	19,9	6,8	–	0	141
cerdo graso (carne semigrasa)	100[1]	60,0	17,2	22,1	–	0	268
cerdo magro (bistec)	75	74,0	18,3	3,0	–	0	100
cerdo magro (muslo)	100[1]	75,3	18,7	3,0	–	0	102
codorniz	67	65,9	25,0	6,8	0	0	161
conejo[3] (carne grasa)	68	66,2	18,1	14,4	0,4	0	203
conejo[3] (carne magra)	68	75,3	23,7	0,6	0,6	0	102
conejo[3] (carne semigrasa)	68	70,9	22,1	5,3	0,5	0	138
cordero[3,4]	83	75,2	20,0	2,2	0,3	0	101

Alimento	Parte comestible (%)	Agua	Proteínas	Lípidos	Glúcidos disponibles	Fibra alimentaria	Energía (kcal)
corned beef (en lata)	100	59,6	23,25[5]	14,0	0	0	219
faisán[3]	85	69,2	24,3	5,2	0	0	107
gallina	70	66,0	20,9	12,3	0,2	0	195
gallina pinta (muslo)	85	73,6	24,3	1,8	0,2	0	114
gallina pinta (pechuga)	85	75,3	25,1	0,7	0	0	107
oca[3]	70	49,1	15,8	34,4	0	0	373
pato[3]	80	68,8	21,4	8,2	–	0	159
pava (ala)	75	59,7	22,3	16,9	0	0	241
pava (muslo)	87	59,6	20,9	18,7	0,4	0	253
pava (pechuga)	100	70,2	22,0	6,2	0,4	0	145
pavo (ala)	75	68,2	22,3	11,5	0	0	193
pavo (muslo)	87	69,2	20,9	11,2	0,4	0	186
pavo (pechuga)	100	70,2	22,0	4,9	0,4	0	134
pichón joven	90	71,7	22,1	5,5	–	0	138
pollo[3] (entero)	68	68,7	19,1	11,0	–	0	175
pollo (muslo)	80	74,2	17,9	6,5	–	0	130
pollo (pechuga)	100	75,3	22,2	0,9	–	0	97
rana	–	81,9	15,5	0,2	0	0	161

1. El dato se refiere a la carne sin hueso; contada con hueso, la parte comestible varía notablemente según las piezas. Por ejemplo, la parte comestible gira alrededor del 50 % para las costillitas de cordero, del 65 % para las de cerdo, del 75 % para los bistecs de capón, del 77 % para los de bovino en general y del 62 % para la pierna de cordero.
2. El ternero se sacrifica a la edad de 120 días aproximadamente, y la ternera entre los 12 y los 18 meses.
3. Listo para ser cocido (el desecho son los huesos del tórax).
4. La composición se refiere a la carne magra, sin la grasa visible.
5. Obtenidos del nitrógeno total (caldo más carne) x 6,25.

Nota: los glúcidos son la suma de los azúcares solubles (monosacáridos y disacáridos) y del almidón (dextrinas, almidón y glucógeno) transformados en monosacáridos. Dicha transformación se efectúa multiplicando los disacáridos por 1,05 y el almidón por 1,1. Por esta razón la suma de las fracciones que componen el alimento puede ser superior a 100. El guión indica falta de datos, pero no excluye la posible presencia en el alimento del principios nutritivo.

Fuente: *Tablas de composición de los alimentos*, Instituto Nacional de Nutrición de Italia, 1989.

Producir carne de mejor calidad nutricional

En el tema de la salud y la dieta está demostrada la estrecha relación existente entre la salud y la elección correcta de alimentos. El consumidor moderno, cada vez más informado de estos problemas, se decanta cada vez más por productos sanos y producidos con métodos modernos. En el sector de las carnes (frescas y preparadas), se ha obtenido un cambio cualitativo y cuantitativo de algunos constituyentes nutritivos, con el resultado de ofrecer al consumidor carnes que cumplen los requisitos sugeridos por la ciencia de la nutrición. En la práctica, con la mejora genética se ha logrado un aumento de la productividad, sobre todo de las masas musculares, con reducción de los depósitos adiposos.

Además, la corrección de la alimentación, especialmente en los cerdos, ha permitido obtener carnes con propiedades nutricionales mejores, en particular en lo que se refiere a la cantidad y la calidad de la grasa. Hoy en día se pueden encontrar en el mercado carnes de cerdo magras, que se han conseguido con determinadas intervenciones en distintos eslabones de la cadena productiva:

• mejores condiciones ambientales que favorecen el bienestar del animal;

• alimentación racional que permite obtener carnes menos grasas y, por lo tanto, menos calóricas;

• reducción de la edad de sacrificio del animal con ventajas de carácter sanitario;

• posibilidad de enriquecer la porción grasa con ácidos grasos de la serie Omega 3, gracias a lo cual las carnes son más resistentes a los procesos degenerativos.

La aplicación en la producción animal de los nuevos conocimientos científicos ofrece la posibilidad de tener carnes seguras y con características de calidad que responden a las nuevas exigencias nutricionales.

ra, pero a veces algún comerciante deshonesto añade a la carne aditivos químicos (sulfitos) no autorizados por la ley con el fin de que la carne conserve el color rojo.

En cuanto a la calidad de la carne, es muy importante la maceración, es decir, el proceso de maduración al que se somete para que sea más tierna y sabrosa. La maceración consiste en conservar a una temperatura que oscila entre 0 y 4 °C los cuartos obtenidos con la descuartización del animal durante un periodo de tiempo que oscila de 5-6 días a 15-20. Gracias a la maceración, los haces musculares pierden elasticidad, y la carne gana sabor y se hace más tierna, que son las características que aprecia el consumidor.

Cuando una pieza de carne está cortada es difícil saber de dónde proviene y a qué categoría de animal pertenece. Después de la crisis de las «vacas locas» es obligatoria la trazabilidad, que obliga a exhibir letreros en donde se indiquen el tipo y la procedencia del animal, el sistema de cría e incluso si se trata de carne fresca, congelada o descongelada.

Un aspecto que debe ser tenido en consideración por parte del comprador a la hora de elegir la carne es la presencia de grasa, que hoy en día tiene una connotación más bien negativa por motivos dietéticos. Es bien sabido que las grasas animales, por su contenido de colesterol y ácidos grasos, son los máximos responsables de los problemas causados en el aparato circulatorio.

Actualmente los nutricionistas, aun reconociendo que la carne es un alimento fundamental en la dieta por sus proteínas nobles y por el aporte de sales minerales, tienden a considerar un error el aumento del consumo de carnes, especialmente de las rojas, que se estiman responsables no sólo de las enfermedades cardiovasculares, sino también de algunas formas tumorales.

Por estos motivos la dietética actual sugiere reducir el consumo de carne en favor de otras formas proteicas, como legumbres y cereales (aunque la carne continúa representando un alimento apreciado y de alto valor nutritivo). Por lo tanto, una buena solución es escoger los tipos de carne más magra (hoy en día se producen carnes de cerdo con un contenido bajísimo de grasas, gracias a la alimentación de los animales) y tener muy en cuenta las carnes blancas (pollo, conejo), con un valor nutricional equivalente al de las carnes rojas.

Los despojos

Los despojos, o tripas, más usados en la alimentación humana son los riñones, el hígado, el corazón, el cerebro y el bazo, todos ellos ricos en proteínas y también en vitaminas y sales minerales. Concretamente el hígado tiene mucha vitamina A y hierro.

Conviene no excederse en el consumo de estos productos, porque en estos órganos puede acumularse alguna sustancia tóxica, como hormonas, antibióticos o metales pesados ingeridos por los animales voluntaria o accidentalmente.

Los embutidos

Los embutidos son alimentos que merecen una atención particular. La gama de productos es muy variada, especialmente en nuestro país, que tiene una tradición única en el mundo. Con el término *embutido* se indica un tipo de carne preparada y conservada mediante salazón. Algunos deben ser curados en zonas determinadas, que, por sus condiciones climáticas, confieren a los productos características organolépticas especiales que hacen posible la tipicidad.

Pertenecen a esta categoría de productos las conservas de carne, principalmente de cerdo, pero también bovina o equina, los embutidos en tripa (salchichón, mortadela, salchichas, etc.) o los conservados mediante salazón (jamón, cecina). Se trata de especialidades cárnicas que deben consumirse con moderación, sin excesos, por su contenido tanto de grasas animales como de sal y, a menudo, de aditivos químicos.

A algunos embutidos se les añaden nitritos y nitratos, unos compuestos que tienen la función de reavivar y estabilizar el color, y también una acción antimicrobiana. Las dosis permitidas no deben superar los 150 mg/kg para los nitritos y los 250 mg/kg para los nitratos.

Es aconsejable no consumir de forma continuada alimentos que contengan nitritos y nitratos. Sobre estos compuestos existen reservas de carácter higiénico y sanitario, porque al parecer podrían favorecer la formación de alquilnitrosaminas, que son sustancias probablemente cancerígenas, puesto que se ha demostrado que han provocado fenómenos de mutaciones genéticas en animales de laboratorio.

A tenor de los conocimientos científicos actuales, como no es posible emitir un juicio definitivo sobre su peligro real, se sabe que las dosis de nitratos autorizadas por las disposiciones vigentes no deberían suscitar preocupación de ningún tipo en el consumidor. Sin embargo, como las precauciones en el sector alimentario nunca son pocas, es aconsejable un consumo moderado de embutidos que contengan nitritos o nitratos, que deben constar obligatoriamente en la relación de ingredientes de la etiqueta.

La compra de embutido

Recordemos que en el momento de comprar un embutido es aconsejable:

- observar el olor;
- comprobar la consistencia de la masa, que no debe ser ni muy dura ni muy blanda;
- observar el aspecto externo, prestando especial atención a la presencia de mohos, que han de ser blancos;
- al cortar el embutido no deben aparecer olores anómalos o discontinuidad en el olor;
- no debe contener una proporción excesiva de grasa;
- el aroma ha de ser agradable;
- el sabor no debe ser ni salado ni ácido;
- la rodaja cortada debe ser compacta y la parte magra debe aparecer bien separada de la grasa.

De todos los embutidos, el jamón es, sin duda, el más apreciado. Por consiguiente, creemos oportuno describir con más detalle los procesos productivos y las características de calidad.

El jamón se obtiene de partes muy concretas del cerdo y se producen dos variedades:

Jamón curado: es el que tiene más valor económico, gastronómico y nutritivo, y se obtiene de la pata del cerdo, que se sala, se seca y se cura. Está considerado el embutido más noble y ha conquistado los mercados mundiales más exigentes. En España los jamones con DOP son: Dehesa de Extremadura, Guijuelo, Jamón de Huelva y Jamón de Teruel, para los cuales hay previstas normas restrictivas de las zonas de cría y de los sistemas de alimentación de los cerdos de los que se obtienen los muslos y las paletillas destinados a su producción, que debe efectuarse utilizando técnicas muy concretas y que cumplan todas las prescripciones de los reglamentos de producción. Existen restricciones particulares en lo que se refiere al periodo de curado, que normalmente es de 9-10 meses, y que debe realizarse en zonas con un clima concreto, caracterizado por la sequedad de la atmósfera, requisito para la elaboración de un buen jamón. Naturalmente la calidad de la materia prima, los costes de cría de los cerdos y el tiempo necesario para curarlo inciden notablemente en los costes de producción y, por consiguiente, en el precio del jamón curado.

Jamón cocido: para su producción se suelen utilizar muslos congelados de cerdo de importación o de cría nacional, que no son idóneos para la elaboración de jamones curados, por el tamaño o porque ha sufrido fracturas o contusiones. Las técnicas de producción del jamón cocido permiten trabajar con muslos de calidad inferior a los que se destinan para el jamón curado. Se les inyecta mecánicamente en el te-

COMPOSICIÓN QUÍMICA Y VALOR ENERGÉTICO POR 100 G DE PARTE COMESTIBLE (%)

Alimento	Agua	Proteínas	Lípidos	Glúcidos disponibles	Fibra alimentaria	Energía (kcal)
jamón cocido	36,8	21,1	36,4	0	0	412
jamón curado graso	41,7	22,2	31,2	0	0	370
jamón curado magro	54,8	28,6	11,5	0	0	218
mortadela de bovino y de cerdo	44,2	13,3	37,0	0,5	0	388
mortadela de cerdo	46,9	13,7	31,4	1,7	0	344
panceta de cerdo	19,3	8,4	69,3	1,0	0	661
salami	24,3	36,9	34,9	0	0	462
salchicha de cerdo fresca	51,3	14,3	30,8	0	0	334
salchicha de cerdo seca	28,2	22,0	47,3	0	0	514
salchicha de hígado	42,9	12,4	41,2	0,9	0	424
salchichón de Bolonia	45,5	19,1	31,6	0	0	360
wurstel	61,8	11,3	23,7	–	0	258

Nota: los glúcidos son la suma de los azúcares solubles (monosacáridos y disacáridos) y del almidón (dextrinas, almidón y glucógeno) transformados en monosacáridos. Dicha transformación se efectúa multiplicando los disacáridos por 1,05 y el almidón por 1,1. Por esta razón, la suma de las fracciones que componen el alimento puede ser superior a 100. El guión indica falta de datos, pero no excluye la posible presencia en el alimento del principio nutritivo.

Fuente: *Tablas de composición de los alimentos*, Instituto Nacional de Nutrición de Italia, 1989.

jido muscular un adobe que se obtiene generalmente mezclando agua, azúcar, sal, nitritos o nitratos con o sin polifosfatos. Esta sustancia se distribuye uniformemente por vibración de las piezas, que, por último, se cuecen. Su menor coste en relación con el jamón curado depende sobre todo de la materia prima y de las diferencias en los procesos de preparación. La inyección de agua y los productos anteriormente citados, por ejemplo, permite obtener un rendimiento muy elevado, especialmente si se añaden polifosfatos. Cabe destacar que el jamón cocido, debido a su contenido de agua, se altera fácilmente y, por lo tanto, debe consumirse en poco tiempo.

Los quesos

Podemos definir el queso como un concentrado de principios nutritivos, porque contiene en cantidad abundante los componentes esenciales de la leche, que son las proteínas, las grasas, las sales minerales y las vitaminas. Su alto valor energético viene dado por su porcentaje de materia grasa. Por esta razón, los quesos elaborados a partir de leche entera son más calóricos que los que provienen de la leche desnatada. Las proteínas del queso tienen un alto valor biológico porque contienen casi todos los aminoácidos esenciales. El queso también es apreciado por su contenido de calcio, un excelente integrador en una alimentación que suele adolecer de este elemento.

Se distinguen dos categorías de quesos:

Quesos frescos: son los quesos que deben ser consumidos al cabo de pocos días de su producción (*mozzarella*, quesos de cabra, queso de Burgos, *petit suisse*, queso griego *feta*, requesón, quesos tiernos, *mascarpone*, etc.) y se caracterizan por un contenido elevado de agua y bajo de grasa. Se obtienen a partir de leche pasteurizada, generalmente de vaca, aunque también de oveja o cabra. Destacan por su contenido de proteínas de alto valor biológico y calcio de fácil asimilación, fósforo, magnesio, vitaminas del grupo B y liposolubles.

La *mozzarella* italiana es uno de los quesos frescos más populares y se elabora con procesos altamente mecanizados. El consumo ha crecido en la medida que lo ha hecho el número de productores, que antiguamente se localizaban exclusivamente en el sur de Italia, y hoy en día, en cambio, se han extendido también por el norte. El éxito comercial de la *mozzarella* se debe, además de a sus cualidades organolépticas, a la evolución de los procesos de transformación y al uso de embalajes que han permitido un alargamiento de la vida comercial de este queso.

Quesos curados: si bien compiten con los quesos frescos, ocupan una gran cuota de mercado por las preferencias del consumidor. Los quesos curados son aquellos que han estado en periodo de maduración durante un largo tiempo antes de su consumo. Son productos de calidad porque durante la curación tienen lugar numerosas transformaciones, primero provocadas directamente por los microorganismos

APORTE CALÓRICO Y COMPOSICIÓN DE LOS QUESOS (PROTEÍNAS Y LÍPIDOS)

	Quesos frescos	Quesos curados (reposo de más de 3 meses)
agua	55 % aprox.	30 % aprox.
proteínas	20 % aprox.	31-32 % aprox.
materia grasa	18-20 % aprox.	26-27 % aprox.
calorías (100 g)	250-300	400 aprox.

COMPOSICIÓN QUÍMICA Y VALOR ENERGÉTICO POR 100 G DE PARTE COMESTIBLE (%)

Alimento	Agua	Proteínas	Lípidos	Glúcidos disponibles	Fibra alimentaria	Energía (kcal)
cabrales	44	21	33	2	0	389
cuajada	81	13,6	4	1,4	0	96
emmental	38,5	29	29	0	0	377
fontina	41,1	24,5	26,9	0,8	0	343
gorgonzola	42,4	19,4	31,2	–	0	358
gruyer	38,5	26	34	0	0	406
mozzarella	60,1	19,9	16,1	4,9	0	243
parmesano	29,5	36,0	25,6	indicios	0	374
provolone	39,6	26,3	28,9	–	0	365
quesitos	52,6	11,2	26,9	6,0	0	309
queso de bola	44	29	25	2	0	349
queso de Burgos	70	11	11	3	0	167
queso manchego curado	35	32	32	1	0	420
queso manchego poco curado	48,6	26	25	0	0	333

Alimento	Agua	Proteínas	Lípidos	Glúcidos disponibles	Fibra alimentaria	Energía (kcal)
queso manchego semicurado	41,8	29	29	0	0	390
queso en porciones	49,9	18	23	1	0	283
requesón	81	12	5		0	102
ricota de oveja	75,0	9,5	15,0	4,0	0	188
roquefort	45	23	29	0	0	355
yogur de leche entera	87,0	3,5	3,9	3,6	0	63
yogur de leche semidesnatada	89,0	3,4	1,7	3,8	0	43
yogur de leche desnatada	89,0	3,3	0,9	4,0	0	36
yogur con fruta	81,0	2,8	3,3	12,6	0	88

Nota: los glúcidos son la suma de los azúcares solubles (monosacáridos y disacáridos) y del almidón (dextrinas, almidón y glucógeno) transformados en monosacáridos. Dicha transformación se efectúa multiplicando los disacáridos por 1,05 y el almidón por 1,1. Por esta razón, la suma de las fracciones que componen el alimento puede ser superior a 100. El guión indica falta de datos, pero no excluye la posible presencia en el alimento del principio nutritivo.

del injerto, y luego por las enzimas liberadas por los mismos. España es un país muy rico en quesos de este tipo, y casi todos ellos han obtenido el reconocimiento de tipicidad, por su excelente calidad. Los más conocidos son el cabrales, roncal, manchego e idiazábal, con denominación de origen protegida.

En cuanto al consumo de queso, debe tenerse en cuenta el hecho de que es un producto cuya materia grasa es de origen animal y que, por lo tanto, contiene ácidos grasos saturados, los mismos que causan hipercolesterolemia.

Desde el punto de vista nutricional, los quesos, especialmente los curados, tienen un alto valor calórico y un contenido importante de sodio, que es perjudicial para las personas hipertensas.

La bollería

Esta denominación abarca a todos aquellos productos que pasan por un proceso más o menos largo de cocción en el horno y están hechos

Principales tipos de masas para bollería

- Masas de bizcocho con huevo: bizcochos de soletilla, planchas para brazo de gitano, bizcochos de molde.

- Masas de bizcocho con grasa (mantequilla, margarina, aceite): magdalenas, sobaos pasiegos, mantecadas, plumcake, bizcochos caseros de yogur, brownies.

- Masas escaldadas: churros, buñuelos, profiteroles.

- Masas líquidas o semilíquidas: crepes, gofres y masas para freír.

- Masas quebradas: fondos para tartas saladas (quiches) o dulces, pastas de té, figuritas, pasta sablé.

de harina, azúcares, materias grasas, levadura, huevos y aromas. Pertenecen a esta categoría los bizcochos, bollos, productos de pastelería, *brioches*, cruasanes, *panettone*, napolitanas, venecianas, etc. El valor nutricional de estos productos depende de la calidad y la cantidad de los ingredientes, y por eso resulta fundamental leer las informaciones de los envoltorios.

El componente principal y que a menudo caracteriza la calidad de estos alimentos es la grasa, cuya calidad incide notablemente en el precio final.

Normalmente, para la preparación de estos productos se usan grasas animales o vegetales, o mezclas de ambos. Se usa mucho la mantequilla, y también el aceite de coco o de palma, las margarinas o las grasas hidrogenadas.

El requisito esencial de las sustancias grasas empleadas en la elaboración de los productos de horno es su estado perfecto de conservación, es decir, no deben enranciarse.

El consumidor debe abordar estos productos, que hoy en día gozan de una amplia difusión, con cautela, sobre todo en lo que respecta al aporte calórico. En efecto, los dulces son alimentos engañosos porque esconden cantidades considerables de calorías.

Otros productos se elaboran con baños de licor, lo cual no hace más que aumentar el aporte calórico.

Lo mismo puede decirse de los productos de horno recubiertos de chocolate o sucedáneos.

Alimentos de alto valor biológico: los huevos

Los huevos son un alimento de alto valor biológico, que deben encontrar una situación más estable en nuestra dieta, salvo en los casos en que haya contraindicación médica. El huevo es un producto que se utiliza solo o para la preparación de comidas, que van desde los entrantes hasta los dulces y los licores. Se producen industrialmente, habida cuenta de que las nuevas razas de gallinas llegan a poner hasta 300 huevos por año, una cantidad que ha triplicado la producción tradicional, con ciclos de recolecta y envasado completamente automatizados. El valor nutricional del huevo es muy destacable, sobre todo por la cantidad de proteínas, que se caracterizan por una significativa presencia de fósforo (fosfoproteínas). Además de proteínas, los huevos contienen grasas constituidas principalmente por leticinas y colesterol (componente potencialmente peligroso), vitamina A, vitaminas del grupo B y muchas sustancias minerales, como el calcio, el hierro, el azufre, el potasio y, como ya se ha dicho, el fósforo. Otra característica importante y valiosa de las proteínas de los huevos es que están constituidas por todos los aminoácidos esenciales, es decir, todos aquellos que el organismo humano no es capaz de sintetizar.

Las dos partes del huevo, yema y clara, presentan una composición diferente. El albumen contiene menos proteínas que la yema, pero también carece prácticamente de grasas. El huevo, como la mayor parte de los alimentos, sufre un deterioro cualitativo determinado por las condiciones higiénicas y ambientales, que dependen sobre todo del tiempo y las modalidades de conservación.

Los síntomas de envejecimiento del huevo son fáciles de apreciar por los técnicos, pero también por los consumidores. Cuando se rompe la cáscara se puede determinar la frescura del huevo observando cómo se disponen la yema y la clara en un plano horizontal: cuanto menor es el volumen del huevo, más viejo es. El estado de vejez avanzada del huevo se reconoce por la rotura de la membrana que lo envuelve y la consiguiente mezcla de la clara y la yema.

Composición de un huevo

Cáscara: 10 %.

Clara: 58 % (86 % de agua, 11 % de proteínas y 0,2 % de grasas).

Yema: 32 % (45-55 % de agua, 15-17 % de proteínas y 21-33 % de grasas).

Información sobre los envases de los huevos

La normativa comunitaria, en vigor desde hace algunos años, obliga a los productores a hacer constar en el envase de los huevos una serie de informaciones útiles para el consumidor:

- *el nombre y la razón social de la empresa que ha envasado o encargado el envasado de los huevos;*
- *el número distintivo del centro de envasado;*
- *la fecha de envasado o el número que indica la semana de envasado;*
- *la categoría de calidad y peso del huevo.*

La mejor forma de conservar en casa los huevos es en el frigorífico, a una temperatura comprendida entre 0 y 4 °C. Las técnicas de conservación permiten conservar la impermeabilidad de la cáscara, impidiendo pérdidas de humedad, por evaporación, de la clara y, por lo tanto, el aumento de la cámara de aire en el polo opuesto (un parámetro que proporciona una información exacta sobre la frescura del huevo).

En alimentación es importante tomar alimentos que contengan proteínas nobles de alto valor biológico, y no debe importar si estas provienen de la ternera, del cerdo, del pescado o de los huevos, que son, además, las más baratas. Por otro lado, está muy extendida la creencia de que el huevo es difícil de digerir. Por eso, cuando se pade-

La digestión de los huevos

El tiempo de digestión depende del modo de preparación:

- *el huevo pasado por agua (2 minutos de cocción) necesita 1 hora y 45 minutos;*
- *el huevo crudo, 2 horas y 15 minutos;*
- *el huevo cocido en mantequilla, 2 horas y 30 minutos;*
- *el huevo duro, frito o en tortilla, 3 horas.*

cen problemas digestivos se suele limitar el consumo de huevos. Sin embargo, la digeribilidad, entendida como el tiempo que está el alimento en el estómago, varía notablemente según la forma en que los huevos han sido preparados: los huevos fritos o la tortilla tardan más en ser digeridos que los huevos pasados por agua o frescos.

CLASIFICACIÓN DE LOS HUEVOS

Categoría	Características	Fecha aconsejada de consumo
A	huevos frescos; son «extra» al séptimo día de la puesta	antes del 28.º día desde la puesta
B	huevos de segunda calidad	
C	huevos destinados a la industria	

Por otro lado, existe una subdivisión de los huevos según el peso: con las letras XL se indican los huevos que pesan 73 g como mínimo; con la L los que tienen un peso entre 63 y 73 g; con la M, los que tienen un peso comprendido entre 53 y 63 g; y, por último, con la S, los huevos que pesan menos de 53 g.

Alimentos que deben consumirse con sentido común: las bebidas alcohólicas

Algunos productos, pese a tener cualidades que contribuyen a una alimentación correcta, pueden ser peligrosos para el organismo si se consumen en una cantidad que sobrepase un límite aconsejado. Respetar estos límites es la actitud más inteligente, que permite degustar estos productos sin que causen daños a la salud.

El vino

El vino es un producto muy apreciado y de gran importancia. Consumido con moderación es una bebida que tiene efectos muy beneficiosos sobre el organismo, si bien son de sobras conocidas las consecuencias de los excesos.

El vino se obtiene de la fermentación alcohólica total o parcial del mosto de la uva, que puede producirse de dos maneras: con la maceración del mosto y las pepitas (vino tinto) o bien sin ellas (vino blanco). El proceso de vinificación del vino blanco consiste en separar las pepitas del mosto después del prensado. Por eso se puede obtener vino blanco de uva roja. En cambio, cuando se quiere obtener vinos rosados (o *rosé*), que son vinos con coloración ligera, las pepitas se separan al cabo de uno o dos días tras el inicio de la fermentación.

En España, la Ley 24/2003, de 10 de julio, de la Viña y del Vino establece, dependiendo de los requisitos que cumplan, las siguientes categorías de vinos elaborados en España:

- Vinos de mesa: vinos de mesa y vinos de mesa con derecho a la mención tradicional vino de la tierra.

- Vinos de calidad producidos en una región determinada (v.c.p.r.d.), en los que, a su vez, podrán establecerse los siguientes niveles: vinos de calidad con indicación geográfica, vinos con denominación de origen (entre los que se halla el cava), vinos con denominación de origen calificada y vinos de pagos.

Los productores podrán decidir el nivel de protección a que se acogen sus vinos, siempre que estos cumplan los requisitos establecidos para cada categoría en la ley.

Cada nivel de protección contará con una regulación general, que, en todo caso, recogerá las obligaciones derivadas de las leyes aplicables (comunitarias, estatales, autonómicas, así como la correspondiente al sistema de control de los vinos).

Es importante señalar que para el reconocimiento de la protección de un nombre geográfico empleado para la protección de un vino de la tierra o un v.c.p.r.d., este deberá contar con una norma específica reguladora, de acuerdo con los requisitos establecidos en cada caso.

Los nombres geográficos asociados a cada nivel no podrán utilizarse para la designación de otros productos del sector vitivinícola, salvo en los supuestos amparados en la normativa comunitaria. La protección se extenderá desde la producción, pasando por todas las fases de comercialización, presentación, publicidad y etiquetado, hasta llegar a los documentos comerciales de los productos afectados. La protección implica la prohibición de emplear cualquier indicación falsa o falaz en cuanto a la procedencia, el origen, la naturaleza o las características esenciales de los vinos en el envase o en el embalaje, en la publicidad o en los documentos relativos a ellos.

Los nombres geográficos que sean objeto de un determinado nivel de protección no podrán ser empleados en la designación, presentación o publicidad de vinos que no cumplan los requisitos de dicho nivel de protección, aunque tales nombres vayan traducidos a otras lenguas o precedidos de expresiones como «tipo», «estilo», «imitación» u otras similares, ni aun cuando se indique el verdadero origen del vino. Tampoco podrán emplearse expresiones del tipo «embotellado en...», «con bodega en...» u otras análogas.

Las marcas, nombres comerciales o razones sociales que hagan referencia a los nombres geográficos protegidos por cada nivel únicamente podrán emplearse en vinos con derecho al mismo, sin perjuicio de lo previsto en la correspondiente normativa comunitaria.

Los operadores del sector vitivinícola deberán introducir en las etiquetas y presentación de los vinos elementos suficientes para diferenciar de manera sencilla y clara su calificación y procedencia, y para evitar, en todo caso, la confusión en los consumidores.

VINOS DE MESA CON DERECHO A LA MENCIÓN TRADICIONAL «VINO DE LA TIERRA»

El vino de mesa podrá usar la mención «vino de la tierra», acompañada de una indicación geográfica, si cumple los siguientes requisitos:

• Que el territorio vitícola del que proceda, independientemente de su amplitud, haya sido delimitado teniendo en cuenta unas determinadas condiciones ambientales y de cultivo que puedan conferir a los vinos características específicas.

• Que se expresen la indicación geográfica, el área geográfica, las variedades de vid y los tipos de vinos amparados, el grado alcohólico volumétrico natural mínimo y una apreciación o una indicación de las características organolépticas.

Los vinos de calidad producidos en regiones determinadas, definidos según la normativa de la Unión Europea y que se produzcan en España, pertenecerán a uno de los niveles enumerados.

Los nombres protegidos por su asociación con cada uno de los niveles de v.c.p.r.d. tendrán necesariamente carácter geográfico. Excepcionalmente y en el marco de la normativa comunitaria, podrán ser consideradas como v.c.p.r.d. las denominaciones tradicionales no geográficas que designen vinos originarios de una región, comarca o lugar determinado y que cumplan las condiciones señaladas en cada caso.

VINOS DE CALIDAD CON INDICACIÓN GEOGRÁFICA

Se entenderá por vino de calidad con indicación geográfica el producido y elaborado en una región, comarca, localidad o lugar determinado con uvas procedentes de los mismos, cuya calidad, reputación o características se deban al medio geográfico, al factor humano o a ambos, en lo que se refiere a la producción de la uva, a la elaboración del vino o a su envejecimiento.

Los vinos de calidad con indicación geográfica se identificarán mediante la mención «vino de calidad de», seguida del nombre de la región, comarca, localidad o lugar determinado donde se produzcan y elaboren.

VINOS CON DENOMINACIÓN DE ORIGEN

Se entenderá por denominación de origen el nombre de una región, comarca, localidad o lugar determinado que haya sido reconocido administrativamente para designar vinos que cumplan las siguientes condiciones:

- Haber sido elaborados en la región, comarca, localidad o lugar determinados con uvas procedentes de los mismos.

- Disfrutar de un elevado prestigio en el tráfico comercial en atención a su origen.

- Su calidad y características se deben fundamental o exclusivamente al medio geográfico que incluye los factores naturales y humanos.

Será requisito necesario para el reconocimiento de una denominación de origen que la región, comarca o lugar a la que se refiera hayan sido reconocidos previamente como ámbito geográfico de un vino de calidad con indicación geográfica con una antelación de, al menos, cinco años.

La gestión de la denominación de origen deberá estar encomendada a un órgano de gestión, el Consejo Regulador.

VINOS CON DENOMINACIÓN DE ORIGEN CALIFICADA

Además de los requisitos exigibles a las denominaciones de origen, las denominaciones de origen calificadas deberán cumplir los siguientes:

- Que hayan transcurrido, al menos, diez años desde su reconocimiento como denominación de origen.

- Que los productos amparados se comercialicen exclusivamente embotellados desde bodegas inscritas y ubicadas en la zona geográfica delimitada.

- Que su organismo u órgano de control establezca y ejecute un adecuado sistema de control, cuantitativo y cualitativo, de los vinos protegidos, desde la producción hasta la salida al mercado, que incluya un control físico-químico y organoléptico por lotes homogéneos de volumen limitado.

- Que en las bodegas inscritas solamente tenga entrada uva procedente de viñedos inscritos o mostos o vinos procedentes de otras bodegas también inscritas en la misma denominación de origen calificada, y que en ellas se elabore o embotelle exclusivamente vino con derecho a la denominación de origen calificada o, en su caso, vinos de pagos calificados ubicados en su territorio.

- Que dentro de su zona de producción, estén delimitados cartográficamente, por cada término municipal, los terrenos que se consideren aptos para producir vinos con derecho a la denominación de origen calificada.

La gestión deberá estar encomendada a su propio Consejo Regulador.

VINOS DE PAGOS

Se entiende por pago el paraje o sitio rural con características edáficas y de microclima propias que lo diferencian y distinguen de otros de su entorno, conocido con un nombre vinculado de forma tradicional y notoria al cultivo de los viñedos de los que se obtienen vinos con rasgos y cualidades singulares y determinada extensión.

En caso de que la totalidad del pago se encuentre incluida en el ámbito territorial de una denominación de origen calificada, podrá recibir el nombre de vino de pago calificado, y los vinos producidos en él se denominarán de pago calificado, siempre que acredite que cumple los requisitos exigidos a los vinos de la denominación de origen calificada y se encuentra inscrito en esta.

PRINCIPALES PAÍSES EXPORTADORES DE VINO EN EL MUNDO EN TONELADAS

	Media 1995-1999	1999	2000	Variación 1999-2000	Cuota 2000
Italia	1.605.276	1.865.749	1.737.705	−6,9 %	27,6 %
Francia	1.432.819	1.587.824	1.482.513	−6,6 %	23,6 %
España	805.344	834.932	777.513	−6,9 %	12,3 %
Chile	270.945	350.978	402.351	14,6 %	6,4 %
Alemania	230.741	231.529	241.347	4,2 %	3,8 %
Estados Unidos	202.561	262.397	276.943	5,5 %	4,4 %
Portugal	202.020	190.382	187.551	−1,5 %	3,0 %
Australia	161.210	215.501	310.885	44,3 %	4,9 %
Moldavia	145.934	65.728	99.183	50,9 %	1,6 %
Argentina	138.603	96.974	92.121	−5,0 %	1,5 %
Sudáfrica	115.991	129.141	140.957	9,1 %	2,2 %
Otros	768.562	546.876	545.230	−0,3 %	8,7 %
Mundo	6.090.004	6.378.002	6.294.088	−1,3 %	100,0 %

Datos actualizados en mayo de 2002 – Fuente: Elaboración ISMEA de datos FAO y otras fuentes.

Toda la uva que se destine al vino de pagos deberá proceder de viñedos ubicados en el pago determinado y el vino deberá elaborarse, almacenarse y, en su caso, criarse de forma separada de otros vinos.

El interés por el vino y su implantación en todos los mercados de todo el mundo van en continuo aumento, y esto ha motivado que países sin una tradición vinícola, como por ejemplo Chile, hayan iniciado una producción masiva en detrimento de las cuotas de producción de países como Italia y Francia, desde siempre los principales exportadores de vino.

El vino es un producto muy delicado que requiere para su conservación ambientes con circulación de aire y temperatura constante. Debe consumirse una vez ha alcanzado la maduración y el envejecimiento adecuados, que son la característica específica de cada añada y variedad.

El componente principal del vino, después del agua, es el alcohol etílico. También contiene otras sustancias (alcoholes superiores, ácidos orgánicos, azúcares, sales minerales, vitaminas, taninos, aromas naturales y microorganismos), que, conjuntadas armónicamente, forman la característica principal de cada vino, dicho de otro modo: el bouquet.

Otro parámetro que caracteriza al vino es la graduación alcohólica, que es el porcentaje de volumen de alcohol etílico que contiene. Así, por ejemplo, decir que un vino tiene 10° significa que 100 cm³ de ese vino contienen 10 cm³ de alcohol etílico. El alcohol es también el único responsable del aporte calórico del vino, calculado en la medida de 7 cal/cm³.

Según los nutricionistas, fieles al dicho «Buen vino hace buena sangre», el consumo moderado de vino es beneficioso para el organismo, y más aún después de la reciente identificación entre los componentes de los polifenoles, que se encuentran sobre todo en los vinos tintos y a los que se atribuyen propiedades beneficiosas para el sistema cardiocirculatorio.

La cantidad media aconsejable para una persona sana depende obviamente de la graduación alcohólica del vino que se bebe. En el caso de un vino de 10°, se puede tomar diariamente uno o dos vasos en cada comida, siempre y cuando no se tome alcohol entre comidas.

No olvidemos que las calorías que aporta el alcohol son las primeras que absorbe el organismo. Consecuencia de ello es que las calorías que provienen de la comida se acumulan y producen un mayor aumento del peso corporal.

LOS VINOS ESPECIALES (ESPUMOSOS)

Junto a los vinos normales, el mercado ofrece los denominados vinos especiales, entre los que destacan los espumosos, que suelen beberse sobre todo en las celebraciones y las festividades. La característica principal de este vino es la espuma, que sube ininterrumpidamente desde el fondo de la copa hasta la superficie. Está producida por el anhídrido carbónico proveniente de la fermentación de los azúcares y sale parcialmente en el momento de destapar la botella, provocando el característico ruido.

El origen del vino espumoso se remonta al año 1600, cuando en Francia Dom Pierre Pérignon presentó un finísimo vino blanco espumoso obtenido del mosto incoloro de uva negra.

Los espumosos se dividen en dos categorías: los naturales, que son los que tienen mayor demanda y cuya espuma proviene de la fermentación alcohólica de los azúcares del vino, y los gasificados, a los que se añade anhídrido carbónico; la comercialización de estos últimos va en franco retroceso, y muchos gasificados han desaparecido casi por completo.

El cava

Podemos definir el cava como el vino espumoso de calidad producido en una región determinada (en España, la «Región del Cava» incluye determinadas zonas de Cataluña, La Rioja y Navarra, principalmente) y cuyo proceso de elaboración y crianza transcurre en la misma botella en que se ha efectuado el tiraje. Para que podamos hablar propiamente de cava debemos tener en cuenta que el tiempo mínimo de crianza es de nueve meses.

El cava se consigue a partir de una doble fermentación. En la primera se obtienen los vinos base y durante la segunda se forma el gas carbónico natural. La segunda fermentación debe realizarse en la misma botella que después llegará al consumidor.

El proceso de elaboración del cava se conocía tradicionalmente como méthode champenoise, pero a partir del 1 de septiembre de 1994, a exigencias de los elaboradores de la Champagne y atendiendo a la normativa comunitaria, se sustituyó por la mención «método tradicional».

Las únicas variedades autorizadas por el Consejo Regulador del Cava son: macabeo, xarel·lo, parellada, subirat o malvasía riojana y chardonnay, para las blancas, y garnacha y monastrell, para las tintas. Para elaborar los cavas rosados se autorizan dos variedades: pinot noir y trepat.

Las distintas denominaciones del cava dependen del contenido de azúcar que posea; así, tenemos, de menos contenido a más: brut nature, extra brut, brut, extra seco, seco, semiseco y dulce.

Bebidas gasificadas a base de vino

Estas bebidas, conocidas también con la denominación de cooler, se han introducido en nuestro mercado recientemente, después de su aceptación en Estados Unidos. Los cooler son productos derivados de vino o mostos de uva, y se dividen en tres grupos:

• **Wine cooler:** son bebidas gaseadas, constituidas en un 50 % de vino y el resto de agua gaseada y zumos de fruta con una graduación alcohólica que normalmente no supera los 6°.

- **Fruit wine:** *son bebidas constituidas generalmente por vino aromatizado a la fruta, y su graduación alcohólica es bastante variable.*

- **Sparkling cooler:** *son productos similares a los wine cooler; se diferencian por el hecho de que la base es vino espumoso en lugar de vino común.*

Son bebidas con un aporte calórico nada despreciable, por lo cual son totalmente desaconsejables en las dietas hipocalóricas.

Los aguardientes (de vino, de vinaza, de fruta, de cereales)

Los aguardientes son bebidas alcohólicas que se obtienen por destilación de los fermentos de sustancias azucaradas, que pueden ser mosto de uva, zumos de fruta o productos obtenidos de la hidrólisis de sustancias amiláceas.

Los licores son mezclas de alcohol, azúcar y esencias o extractos de plantas. El *brandy* y el coñac se obtienen de la destilación del vino, mientras que la grapa y el orujo se obtienen de la destilación de la vinaza.

Aguardiente de vino. Con el nombre de *aguardiente* se define el producto obtenido de la destilación del vino. Este destilado, después de un periodo de envejecimiento en barricas de encina sin barnizar de al menos dos años, toma el nombre de *brandy*. La denominación *coñac*, en cambio, está reservada a los destilados franceses de la Charente.

Aguardiente de vinaza (grapa). Destilando la vinaza se obtiene la grapa o aguardiente de vinaza. El proceso incluye tres destilaciones. Con la primera se obtiene el aguardiente primero, constituido por materiales que tienen el punto de ebullición inferior al del alcohol etílico (aldehído acético, éter acético, alcohol metílico y ácido acético). Este primer nivel de destilación normalmente se desecha porque dichas sustancias confieren al destilado un sabor picante y desagradable. La segunda destilación recibe el nombre de aguardiente de centro o corazón y está constituida casi exclusivamente por alcohol etílico: es la parte más utilizada. La tercera, llamada aguardiente de cola, está constituida por sustancias cuyo punto de ebullición es superior al del alcohol etílico, es decir, de los alcoholes superiores (propílico, butílico y amílico). Esta parte normalmente también se elimina.

La legislación vigente que regula la producción y la comercialización de los destilados establece unos límites que afectan tanto al contenido de alcohol metílico como de alcoholes superiores. Para la grapa, el alcohol metílico debe ser inferior al 1 % del contenido de alcohol etílico. Por ejemplo, si una grapa tiene una gradación alcohólica de 42°, el alcohol metílico ha de ser inferior al 0,42 %, lo cual significa que 100 cm³ de grapa no pueden contener una cantidad superior a 0,42 cm³ de alcohol metílico. La suma de los alcoholes superiores (es decir, el alcohol amílico, el alcohol propílico y el alcohol butílico) debe ser inferior a 500 mg por 100 cm³ de grapa. Estas limitaciones se establecieron porque son sustancias que, si se ingieren en dosis mayores, pueden ser perjudiciales para el organismo.

Aguardientes de fruta (calvados, *Kirsch, slivovitz*). Se obtienen de la destilación de fermentos de fruta: de la destilación del fermentado de manzanas se hace el calvados; de la del fermentado de cerezas se hace el *Kirsch*; y destilando el fermentado de ciruelas se obtiene el *slivovitz*. La ginebra, en cambio, se obtiene de la destilación del fermentado de las bayas de enebro.

Aguardientes de caña de azúcar (ron). El aguardiente obtenido de la destilación del mosto fermentado de caña de azúcar se denomina ron. La producción de mejor calidad es la jamaicana.

Aguardientes de cereales *(whisky)*. El producto que se obtiene de la destilación de los mostos fermentados de los cereales (maíz, avena, cebada) se denomina *whisky* y presenta un característico aroma de humo, originado por el secado previo de los cereales con combustibles que provocan mucho humo. La ley prevé que el *whisky* debe carecer totalmente de alcohol metílico. Si el *whisky* se obtiene del mosto fermentado de cebada se tiene el tipo *scotch*, y si procede del mosto fermentado de maíz se tiene el tipo *bourbon*.

CONTENIDO DE ALCOHOL Y VALOR CALÓRICO DE ALGUNOS AGUARDIENTES

Aguardiente	Alcohol (%)	Calorías por 100 ml
brandy	40-55	310-400
coñac	44-60	320-430
ginebra	35-50	250-350
grapa	40-60	280-440
whisky	45-58	320-400

Los licores

Los licores son mezclas hidroalcohólicas con contienen porcentajes elevados de alcohol etílico, azúcar, esencias o extractos de plantas (normalmente las proporciones de los distintos ingredientes son secretas y están bien custodiadas por las empresas productoras).

Generalmente, tienen una graduación alcohólica comprendida entre los 30 y los 45°, unos valores importantes que hacen que, si el consumo es excesivo, puedan resultar perjudiciales para el estómago y el intestino.

Por otro lado, también se deben tener en cuenta los daños derivados de la presencia de alcohol etílico, que, además de gastritis y acidez de estómago, puede causar daños al sistema nervioso, como delirios alcohólicos y pérdida de memoria.

Un factor que no debe ignorarse en referencia a los licores es su alto aporte calórico (unas 7 cal/cm^3).

CONTENIDO DE ALCOHOL Y AZÚCARES Y VALOR ENERGÉTICO DE ALGUNOS LICORES

Licor	Alcohol (%)	Azúcares (%)	Calorías por 100 ml
anisete	35	25-30	360
benedictine	40	25-30	400
chartreuse	35	25-30	360
curasao	42	25-30	410
cúmel	26	25-30	300

Los aperitivos

Los aperitivos son bebidas alcohólicas elaboradas generalmente a base de vino, que se suelen tomar antes de las comidas porque facilitan la función gástrica y estimulan el apetito. Los más conocidos son el vermú y los aperitivos a base de soda.

Los vermús se preparan añadiendo a vinos de producción nacional sustancias aromatizantes (distintos tipos de hierbas), cuyas recetas guardan celosamente las empresas elaboradoras por motivos obvios. Tienen un contenido alcohólico no inferior al 15,5 % y una cantidad de azúcares no inferior al 13 %. Se comercializa el tipo «seco» (dry), en el cual el alcohol no debe ser inferior a 18° y el azúcar no puede superar el 4 %.

Los aperitivos a base de soda se preparan añadiendo a vinos aromatizados no más del 50 % de agua gasificada simple o soda, y tienen una graduación alcohólica comprendida entre los 8 y los 12°.

La cerveza

La cerveza se obtiene de la fermentación alcohólica de los mostos preparados con malta de cebada y agua, que se ha hecho amarga con la adición de lúpulos (sustancia aromática) en una cantidad de 1-2 g por litro. La cerveza contiene también anhídrido carbónico disuelto, que es lo que provoca la espuma.

Originariamente, su área de difusión era Alemania y los países del norte de Europa, si bien actualmente se ha extendido por todo el continente.

Su coste es inferior al del vino, al que sustituye en ciertas comidas. Ello se debe al hecho de que en la restauración el vino sufre recargos muy importantes, en muchos casos disuasorios para el cliente, que se muestra más favorable a la cerveza, que generalmente mantiene un precio constante.

Las cervezas se distinguen según el grado sacarimétrico (medida que equivale a la densidad de un gramo de sacarosa en 100 ml de agua), que tiene una relación exacta con el grado alcohólico, respecto al cual es tres veces superior. Una ley reciente obliga a informar al consumidor del grado de alcohol, que debe figurar en el envase.

Una división importante de las cervezas atañe al color, que puede ser claro, oscuro o rojo, y depende del grado de torrefacción de la mal-

Tipos de cerveza

Según la graduación alcohólica las cervezas se dividen en:

• cerveza ligera: con una graduación alcohólica inferior a 3°;

• cerveza media: con una graduación alcohólica comprendida entre 3 y 6°;

• cerveza de gradación alta: con una graduación alcohólica superior a 6°;

• cerveza sin alcohol: con una graduación alcohólica entre 1 y 2,5°.

ta y de la técnicas empleadas en la fermentación. La cerveza clara es tipo Pilsen, y la oscura, tipo Baviera.

Los parámetros que caracterizan la calidad de la cerveza son el brillo, el gusto y la espuma, que en una buena cerveza debe ser estable y con burbujas muy finas.

La cerveza puede constituir una alternativa al vino. Tiene un valor nutricional elevado porque contiene vitaminas del grupo B y alcohol. Debe consumirse al poco tiempo de su fabricación (no más de tres o cuatro meses) y debe ser envasada en contenedores opacos para mantener íntegras sus características organolépticas e impedir que adquiera sabores o colores anómalos. El contenido de azúcares y alcohol confiere a la cerveza un valor calórico nada despreciable, por lo cual su consumo no es aconsejable para las personas que siguen dietas adelgazantes.

Las infusiones: café, té, manzanilla

Las bebidas hechas por medio de la infusión se conocen en todo el planeta. La cafeína del café y la teína del té hacen que estas infusiones deban tomarse con moderación.

El café

El café es una bebida obtenida por la infusión de semillas torrefactas y molidas del fruto de algunas plantas del género *Coffea* que se cultivan en África, América y Asia. Su contenido de alcaloides (cafeína) explica la acción excitante de los centros nerviosos del organismo humano.

El café que se usa normalmente proviene de dos especies: la arábiga (representa el 60-70 % de la producción mundial) y la robusta. Los cafés que se comercializan están elaborados con mezclas de variedades que no siempre se declaran en la etiqueta, y se pueden vender en grano, molidos o solubles.

Las características cualitativas de un buen café y el precio dependen, sobre todo, de la composición de la mezcla y a veces también de la torrefacción. Con este proceso el café pierde casi toda el agua y aumenta notablemente su volumen (casi un 60 %). Sus principales componentes son los glúcidos, los lípidos, la celulosa, las proteínas y la cafeína. El contenido de esta última representa entre el 2 y el 4 %.

La cafeína es un alcaloide que en pequeñas dosis estimula el sistema nervioso central, reduce la sensación de fatiga y la somnolencia, y acelera el ritmo cardiaco. En dosis elevadas puede causar peligrosas arritmias. Los médicos aconsejan un consumo moderado de café (dos o tres al día), y no tomarlo con el estómago vacío. También coinciden en afirmar que tomar café, debido al aumento de secreción de ácido clorhídrico en el estómago, favorece la digestión. De ahí el hábito de tomar café después de comer.

El café se conserva en contenedores herméticos, a ser posible cerrados al vacío, para preservarlo de la humedad, la luz y el aire. El proceso ideal para evitar la pérdida de aroma sería moler el café inmediatamente antes de prepararlo.

También se comercializa el café descafeinado, es decir, sin cafeína. Es adecuado para las personas a quienes está desaconsejada la ingestión de esta sustancia.

Para eliminar la cafeína del café se utilizan disolventes orgánicos con un punto de ebullición bajo. Seguidamente estos disolventes se separan por destilación. En el café que se vende con la denominación *descafeinado* no debe haber residuos de los disolventes utilizados para la extracción de la cafeína, y esta última sólo puede aparecer en una cantidad máxima del 0,15 %.

CONTENIDO DE CAFEÍNA EN UNA TAZA DE CAFÉ

café descafeinado	5-10 mg
café exprés	50-80 mg
café moca	130-140 mg

El té

El té se obtiene de la infusión de las hojas de *Thea sinensis*, una planta que se cultiva en China, Japón, Sri Lanka (antiguo Ceilán) y África. Se comercializan varios tipos, como el negro y el verde.

Los elementos constituyentes que confieren las características organolépticas al té son: la teína (1-3 %), las sustancias tánicas (producen el sabor astringente), los aceites esenciales y los aromas (sustancias resinosas).

Al ser un producto empleado para la preparación de una bebida muy difundida, a veces es objeto de adulteración. El fraude más frecuente es mezclarlo con otras hojas (arándano, fresa, fresno), aunque con un análisis al microscopio se detecta fácilmente el engaño.

CONTENIDO DE TEÍNA EN 200 ML DE TÉ CON RELACIÓN AL TIEMPO DE INFUSIÓN

Infusión de 1 minuto	10-30 mg
Infusión de 2 minutos	20-45 mg
Infusión de 3 minutos	20-50 mg

También existe el té desteinado, es decir, sin teína, que toman los consumidores que prefieren evitar esta sustancia.

La manzanilla

La manzanilla se obtiene de las flores de la manzanilla (*Matricaria chamomilla*) secadas al sol, recogidas y conservadas en un ambiente oscuro y fresco. Se comercializan tres tipos: tamizada, de flor entera y soluble, que ha recibido un tratamiento de liofilización.

La infusión de manzanilla se utiliza sobre todo para contrarrestar la excitación, favorecer el sueño y aliviar los espasmos del aparato digestivo.

La manzanilla también es objeto de intentos de adulteración, con la mezcla de otras sustancias de menor valor comercial. En este caso también un análisis en el microscopio permite detectar fácilmente el engaño.

Alimentos para comer rápido: *snacks*, copos de cereales, jugos y salsas preparadas

Los cambios en el estilo de vida repercuten en la forma de alimentarse. Cada vez se toman más comidas fuera de casa y el tiempo para comer ha disminuido notablemente. Consecuencia de ello es la demanda creciente de comidas que requieran poco tiempo de preparación.

La industria alimentaria no ha desperdiciado la ocasión y ha introducido en el mercado productos que responden a las nuevas exigencias de los consumidores. Se trata de una amplia gama de comidas preparadas de uso práctico (el producto se prepara y se come en poco tiempo), que ya han tenido un éxito significativo en Estados Unidos.

Snack: este término define una pequeña porción de comida que se consume ocasionalmente. Esta categoría incluye productos dulces y salados para el desayuno o para encuentros ocasionales con amigos. Existen *snacks* al chocolate (*wafer* o galletas bañadas en chocolate o con relleno cremoso) y *snacks* compuestos de varios elementos que debidamente elaborados dan los «copos», los «expandidos» y los «expandidos fritos», que compiten directamente con las patatas fritas. Los *snacks* son productos hipercalóricos a causa de la presencia de azúcar, chocolate, grasas y otros ingredientes, y, por lo tanto, son poco adecuados para quienes luchan por mantener el peso. Este tipo de productos dan la posibilidad de preparar, sin demasiada pérdida de tiempo y a un precio módico, bufés para convenciones o reuniones, y han logrado una buena posición comercial.

Copos de cereales: por lo general, se obtienen del maíz y tienen dos presentaciones, según el método de elaboración. Los *corn-flakes* se obtienen del maíz roto, separando la cariópside de la semilla y desmenuzándola en dos o tres trozos; en primer lugar, se hierve en agua azucarada, luego se corta en láminas finas (mecánicamente) y, por último, se tuesta. Este tipo de producto ha tenido un gran éxito comercial, como de-

Las softdrinks

La nueva tipología de comidas que ha surgido al lado de las tradicionales se acompaña con nuevos tipos de bebidas, las denominadas softdrinks. Con este término se designan las bebidas no alcohólicas preparadas con agua, azúcar, zumos de fruta y aromas. Existen de dos versiones: con o sin anhídrido carbónico. También hay versiones dietéticas en las que se sustituye el azúcar por otros edulcorantes.
Estos productos han desplazado prácticamente a bebidas tradicionales como la gaseosa o similares.

muestra la infinidad de productos para el desayuno, muchos de ellos complementados con vitaminas y oligoelementos. Los *popcorn*, en cambio, se elaboran con una variedad de grano muy pequeño que tiene la propiedad de hincharse con el calor, aumentando su volumen treinta veces.

Jugos: son condimentos preparados que han sido muy bien acogidos en el mercado. Se elaboran con diferentes alimentos (carne, pescado, hortalizas), que se cuecen separadamente o con aromas y especias variadas. Hay de distintos tipos y su demanda se explica por el hecho de que permiten cocinar platos con mucha rapidez. Lógicamente, puede haber incertidumbre en cuanto al origen de los componentes, la tecnología empleada para su preparación, la calidad de las grasas y el valor nutricional y calórico. Por todo ello es importante leer atentamente la etiqueta de información del producto, para saber cuáles son los ingredientes y comprobar la presencia de aditivos, que casi nunca faltan.

Salsas: desde el punto de vista comercial se consideran elaboraciones semilíquidas de los condimentos y están hechas de numerosos ingredientes (mantequilla, aceite, grasas, caldo, vinagre, zumo de limón, zumo de tomate, harina, hortalizas, aromas, sal, etc.). Poseen un valor calórico muy variable según los ingredientes y, especialmente, según la cantidad de grasas. Para conservar las cualidades nutricionales, estos productos se esterilizan o, más frecuentemente, se enriquecen con los aditivos idóneos para una buena estabilización; el consumidor ha de leer siempre con atención la etiqueta para asegurarse de la composición.

Especias y aromas

Se consideran especias y aromas aquellas sustancias que desempeñan el papel de condimento y, aunque se usen en pequeñas dosis, modifican las características de un producto alimentario dándole un sabor más agradable. Pertenecen a esta categoría las hierbas, las hojas, las flores, las semillas y los frutos que con sus esencias provocan una reacción de nuestros sentidos.

Se preparan con mucha facilidad: simplemente se deben recolectar en el momento oportuno, es decir, en la época en que el principio aromático está en su punto máximo. Después de un proceso de desecación, para evitar la pérdida del aroma, se trituran hasta reducirlas a polvo y se protegen con un envase adecuado para sus características.

Debemos aclarar, sin embargo, que no todas las hierbas reciben estos tratamientos. Algunas, como la albahaca, el perejil, la salvia o el romero, se consumen tiernas o, últimamente, incluso congeladas.

Los aromas suelen proceder del mundo vegetal, pero también se pueden obtener por síntesis química. Desgraciadamente, según la legislación actual la denominación *aromas naturales* abarca tanto los extractos vegetales como los que se obtienen por síntesis química, pero que reproducen exactamente los naturales. En cambio, bajo la denominación *aromas artificiales* se incluyen sólo los aromas sintetizados químicamente, que no existen en la naturaleza y que han sido preparados especialmente para simular los naturales.

Una buena norma para el consumidor es leer atentamente la composición de los ingredientes para identificar la tipología exacta del aroma que contiene el producto.

Por otra parte, la tecnología utilizada para la conservación de los alimentos casi siempre influye negativamente en el mantenimiento de los aromas naturales. Por lo tanto, los productores recurren a los artificiales para recuperar los aromas originarios. Y, dado que los aromas artificiales son más eficaces que los naturales y, además, más baratos, es fácil deducir que los más usados en la industria alimentaria son los primeros.

RELACIÓN DE HIERBAS AROMÁTICAS Y ESPECIAS

Hierbas	Dónde se encuentran
laurel, romero, salvia	en las hierbas que contienen eucaliptol
menta, mastranzo, mastuerzo silvestre	en las hierbas con sabor a menta
albahaca, perejil	en las hierbas particularmente dulces
tomillo, orégano	en las hierbas que contienen carvacrol
Especias	**Dónde se encuentran**
clavo, canela	en las especias fenólicas
guindilla, mostaza, jengibre, pimienta	en las especias picantes
nuez moscada, vainilla	en los frutos y semillas aromáticas
cúrcuma, pimentón, azafrán	en las especias colorantes

Merece una consideración aparte un producto muy habitual en muchos preparados alimentarios, que se usa como exaltador del sabor: se trata del glutamato monosódico, un compuesto que tiene la capacidad de eliminar los sabores desagradables y prolongar el aroma, el sabor y el color de las preparaciones alimentarias a las que se añade.

El glutamato monosódico se usa mucho, por ejemplo, en la comida china, y conviene no abusar de él, porque está bajo sospecha por su presunta toxicidad. En cualquier caso, parece demostrado que los abusos de glutamato provocan dolor de cabeza.

ADITIVOS E INTEGRADORES

En el mercado actual, un número cada vez más elevado de productos alimentarios contienen aditivos o integradores («alimentos enriquecidos»).

Este fenómeno, condicionado muchas veces por las exigencias objetivas del mercado, debe seguirse con atención, como de hecho ya se está haciendo en la Unión Europea. Es importante que los consumidores estén informados y no se sientan preocupados por la naturaleza real de las sustancias añadidas o por sus funciones.

La actitud del consumidor ante los aditivos alimentarios

El aditivo es una sustancia que carece de valor nutritivo, o que se usa con un objetivo no nutritivo, y que se incorpora en una fase de la elaboración a la masa o a la superficie de los alimentos para ayudar en su conservación o mejorar sus características.

Gran parte de los alimentos preparados contienen aditivos que, por ley, deben constar en la etiqueta junto con los ingredientes, bien con el nombre del compuesto, bien con una sigla que consiste en una E seguida de un número.

El uso de aditivos químicos es necesario porque constituyen el único camino para una mejor utilización de los recursos alimentarios, ya que, al favorecer la conservación de los alimentos, permiten alargar el periodo de almacenamiento y, por consiguiente, una distribución más adaptada a las exigencias del mercado.

Su función es mejorar la estabilidad de los productos, evitar las oxidaciones, agilizar algunas fases de la elaboración, presentar el producto de manera más apetecible y, finalmente, prevenir fermentaciones y proliferación de mohos que deterioran los alimentos.

Los colorantes se utilizan para dar un aspecto mejor al producto (el color es el primer parámetro que valora el consumidor), y, por lo tanto, tienen una función estética.

Los colorantes

Existen dos tipos de colorantes: naturales y artificiales.

Los colorantes naturales son los que se extraen de las hojas, la pulpa o la corteza de los frutos. La procedencia es un elemento de suficiente garantía en lo que se refiere a posibles consecuencias para la salud del consumidor.

Pertenecen a esta categoría la clorofila (E140-verde), el caramelo (E150-marrón), los carotenoides (E160-amarillo) y las antocianinas (E162-rojo), todos ellos sustancias extraídas de productos naturales, pero que no dan a los alimentos la estabilidad del color que desea el consumidor.

El color es la primera propiedad que valora el consumidor y, por lo tanto, condiciona el grado de aceptación del producto.

Desgraciadamente, esta exigencia ha forzado a los productores a buscar colorantes más estables y eficaces, motivo por el cual han recurrido a los colorantes artificiales, que son sustancias obtenidas por síntesis química y que se consideran aceptables después de haber sido experimentadas y no haber dado muestras de ser perjudiciales para el organismo humano.

Actualmente, el uso de estos productos va disminuyendo poco a poco, ya que para algunos de ellos, a pesar de los controles rigurosos, no se ha demostrado con certeza todavía la inocuidad total.

Los densificadores sirven para aumentar la consistencia y el peso; los antioxidantes previenen la formación de radicales libres; y los conservantes, que son realmente indispensables, tienen la función de inhibir el desarrollo de microorganismos patógenos.

Así, pues, algunos aditivos son necesarios, mientras que otros obedecen a simples exigencias de mercado, ya que los productores no hacen más que satisfacer las exigencias del consumidor, que se orienta cada vez más hacia alimentos que tienen un buen aspecto desde el punto de vista estético. Hasta que el consumidor no se dé cuenta de que es preferible un producto menos atractivo, pero más seguro, por carecer de sustancias potencialmente peligrosas, el uso de ciertos aditivos no se erradicará.

A decir verdad, gracias a las nuevas tecnologías de conservación (tratamientos térmicos, ultracongelación, liofilización, deshidratación), los aditivos se usan cada vez menos; a ello contribuye también el hecho de que las leyes que regulan su utilización son cada vez más estrictas.

La aceptación de los aditivos por parte de los organismos competentes exige la comprobación de la necesidad de su uso y eficacia. Antes de la concesión de la autorización legal se procede a un estudio del beneficio que se deriva del uso de un determinado aditivo. Un aspecto esencial es la determinación del nivel de ingestión de la sustancia por parte del hombre, que no debe superar los límites de seguridad desde el punto de vista sanitario. Si la valoración es positiva, se incluye el aditivo en un listado en el que figuran las dosis, las limitaciones, las tolerancias y las modalidades de uso.

Para mayor seguridad de cara al ciudadano, los organismos competentes de la Unión Europea realizan continuas verificaciones sobre los

Funciones de los aditivos

Según la Unión Europea las funciones principales de los aditivos alimentarios deben ser:

- *conservar las cualidades nutricionales (es decir, evitar la degradación de los principios nutritivos, o lo que es lo mismo, de las vitaminas, los aminoácidos y las grasas insaturadas);*

- *mejorar la conservación (retrasando los procesos de oxidación y evitando el deterioro microbiótico);*

- *mejorar la consistencia, la estructura y las otras propiedades sensoriales, como gusto, aroma y color;*

- *facilitar la elaboración, el transporte y el almacenamiento.*

aditivos más sospechosos. Concretamente, el veredicto sobre la toxicidad se revisa periódicamente y una comisión de técnicos cualificados se encarga de poner al día dicho listado (cada 2 años para las sustancias menos seguras y cada 7-8 años para todas las demás).

En algunos casos se disminuye la dosis diaria admisible, como ocurrió por ejemplo con la cantaxantina, que, al ser poco soluble en la sangre, si se ingiere en altas concentraciones, puede dañar la retina por acumulación. En otros casos, en cambio, se puede restringir el uso a un grupo de alimentos más limitado.

Hay un amplio margen de seguridad para garantizar al ciudadano que el consumo de alimentos con aditivos, siempre que figuren dentro de los límites previstos por la ley, no pone en peligro la salud.

El consumidor, por su parte, ha de ser prudente, pero sin exagerar: si tiene reservas por un aditivo concreto, simplemente deberá procurar no consumir en exceso el producto que lo contiene. Por ejemplo,

PRINCIPALES ADITIVOS QUE CONTIENEN LOS ALIMENTOS

Productos de origen vegetal	
densificadores	extractos de semillas, frutos y algas (p. ej. guar, carragenina)
colorantes	aislados de semillas, frutos y vegetales (p. ej. clorofila)
acidificantes	típicos de la fruta (p. ej. ácido tartárico)
Productos naturales-idénticos (reproducidos por síntesis o biosíntesis)	
antioxidantes	contenidos en la fruta (p. ej. ácido ascórbico) o en los aceites vegetales (p. ej. tocofenoles)
colorantes	se encuentran de forma natural en muchos frutos y vegetales (p. ej. carotenoides)
acidificantes	específicos de los cítricos (p. ej. ácido cítrico)
Productos obtenidos de la modificación de sustancias naturales	
emulsionantes	derivados de aceites alimentarios (p. ej. mono y diglicéridos de los ácidos grasos) y de aceites orgánicos
densificadores	almidones y celulosas modificadas
edulcorantes	pertenecientes a la familia de los polialcoholes (p. ej. isomalta, sorbitol, maltitol)
Productos artificiales	
antioxidantes	butilidroxianisolo (BHA), etc.
colorantes	indigotina, amarillo de quinolina, etc.
edulcorantes	sacarina, acesulfame, etc.

Fuente: «Tecnologías alimentarias».

se sabe que los embutidos contienen casi siempre nitritos; el consejo, pues, es comer embutido con moderación y, a ser posible, de forma no continuada.

Si se tienen problemas con el azúcar, se pueden tomar otros edulcorantes y sacarosa de forma esporádica, preferiblemente en pocas cantidades. Sin duda alguna, en los últimos años el progreso en química y tecnología alimentaria ha comportado un uso más racional de estos productos, lo cual ha permitido a la industria alimentaria producir gran variedad de alimentos de calidad buena, constante y a precios razonables.

Precisamente gracias a los aditivos, en la actualidad se pueden realizar productos muy útiles para una cocina práctica y rápida (puré de patatas y postres instantáneos, mezclas en polvo para salsas, *snacks* y platos preparados).

Edulcorantes o dulcificadores: ¿qué hacer?

Pese a que la sacarosa se conoce como dulcificador desde hace siglos, su consumo aumentó claramente a partir del inicio del siglo XX. Además, en los países industrializados se ha registrado una difusión considerable de los sustitutos del azúcar, con una implantación comercial que ha puesto en el mercado nuevos productos. Actualmente, todo el mundo sabe que para vivir bien y de forma sana no hay que acumular demasiadas calorías. Por lo tanto, para dulcificar algunas bebidas se ha comenzado a usar edulcorantes naturales o de síntesis que, con respecto al azúcar (sacarosa), tienen un escaso aporte calórico y un efecto dulcificante superior (bastan cantidades mínimas para obtener buenos resultados).

Precisamente por esta prerrogativa, los dulcificadores sustituyen a menudo al azúcar para el café. En efecto, un simple cálculo demuestra que una persona que toma cinco o seis cafés al día, teniendo en cuenta que una cucharadita y media de azúcar contiene más de 30 cal, si toma edulcorantes se ahorra 150-180 cal, una cantidad que en el balance calórico diario puede tener un valor importante si se sigue una dieta hipocalórica.

Los edulcorantes comercializados son:

• naturales (jarabe de glucosa, manitol, maltitol, sorbitol, xilol): pertenecen a la familia de los hidratos de carbono; se pueden considerar alimento propiamente dicho y se pueden ingerir en cantidades elevadas; tienen un poder dulcificador similar a la sacarosa;

- sintéticos (acesulfame, aspartame, ciclamatos, glicirricina, monelina, sacarina, taumatina): tienen un alto poder dulcificante, pero para algunos de estos compuestos existen reservas de carácter sanitario en el caso de que se consuman durante largos periodos.

En la página siguiente se muestra una lista con los edulcorantes naturales y sintéticos más usados, con la indicación de su poder edulcorante calculado en relación con la sacarosa (igual a 1).

Recordemos que el poder edulcorante de cada producto puede variar muchísimo en función del alimento con el que se utiliza.

Casi todos los edulcorantes sintéticos tienen muy pocas calorías. Y algunos, como el aspartame, a pesar de aportar unas 4 cal/g, es igualmente hipocalórico, porque, al

La sacarina

El caso de la sacarina es todavía hoy objeto de debate, ya que la inocuidad de esta sustancia ha sido puesta en duda. Estudiosos canadienses afirman que se habría registrado el desarrollo de cáncer de vejiga en ratones a los cuales se había suministrado sacarina durante largos periodos, aunque en dosis superiores a las normales, las correspondientes al consumo de bebidas edulcoradas con esta sustancia.
Por el contrario, otros estudios, realizados en el hombre para comprobar si había analogías con el fenómeno observado en los ratones, han demostrado que no existe correlación entre cáncer de vejiga y la ingestión de sacarina.

tener un poder edulcorante muy alto (250 veces superior al del azúcar), se emplea en cantidades mínimas, y su contribución calórica es prácticamente nula.

Pero veamos, estos compuestos tan difundidos ¿son realmente inocuos para la salud del consumidor? No es fácil dar una respuesta segura. Si bien es cierto que existe una normativa severa que exige una documentación científica rigurosa para demostrar que estos productos son atóxicos, con normas puestas al día periódicamente por parte de las dos principales organizaciones internacionales con competencias en este sector —la Food and Agricolture Organisation (FAO) y la World Health Organization (WHO)—, también es ver-

PODER EDULCORANTE DE LOS PRINCIPALES EDULCORANTES NATURALES Y SINTÉTICOS

Tipo de edulcorante natural	Poder edulcorante
fructosa	1,5 aprox.
glucosa	0,5 aprox.
lactosa	0,3 aprox.
manitol	0,7 aprox.
sacarosa	1
sorbitol	0,6 aprox.
Tipo de edulcorante sintético	**Poder edulcorante**
acesulfame-K	250 aprox.
aspartame	250
ciclamatos de calcio y de sodio	30-40 aprox.
dulcina o etoxifenilurea	70-350
neosperidina	2.000
perilartina	2.000
sacarina (sulfimides benzoica)	240-500
estevioside	300
taumatina	1.600

Fuente: G. Cerutti, *Tossici, residui e additivi degli alimenti*, Etas-Libri.

dad que la historia nos enseña que en el pasado ha habido algunos aditivos que se han considerado inocuos durante mucho tiempo y que después han resultado ser perjudiciales. No se puede excluir la posibilidad de descubrir en el futuro que alguna sustancia que hoy está permitida sea peligrosa. En consecuencia, solamente hay que recurrir a los edulcorantes en caso de necesidad (diabetes y obesidad) y de forma racional, es decir, variando el tipo de edulcorante para reducir al mínimo los posibles daños por acumulación y suspendiendo su consumo durante algunos periodos (se pueden alternar con el azúcar en poca cantidad).

Las nuevas tipologías de productos alimentarios

En la Unión Europea, igual que ya ocurrió en Estados Unidos, se está difundiendo el consumo de nuevos tipos de productos alimentarios a los que se han añadido vitaminas, oligoelementos o ácidos grasos con reconocidas propiedades terapéuticas, como fibra, calcio, etc. Estos productos se conocen con la denominación de *functional food* y no son más que alimentos enriquecidos con sustancias que tienen una acción saludable en el organismo. Sin embargo, para que el consumidor los acepte, deben tener un aspecto y un sabor parecidos a los de los alimentos tradicionales.

La consolidación comercial de estos productos, aunque es palpable, todavía no ha sido cuantificada con exactitud. Digamos sólo que su presencia en el mercado aumenta de forma progresiva en todos los países y que todo parece indicar que dicho aumento persistirá.

Todavía no existe una definición común de estos alimentos, y, sobre todo, falta una legislación clara al respecto.

Naturalmente, estos productos, que a veces el consumidor elige con criterios del todo superficiales, han suscitado reservas por parte de los nutricionistas, especialmente en lo que respecta a la dosificación de las sustancias utilizadas para enriquecerlos. En efecto, es importante que el enriquecimiento no origine problemas de sobredosificación, que, debido a que son difíciles de registrar, podrían tener consecuencias desagradables y causar problemas de malnutrición.

Todo esto debe hacer reflexionar a las muchas personas que, sin ningún criterio médico, deciden alimentarse con comidas especiales, atendiendo sólo a la información recibida de amigos o canales publicitarios. Recordemos que el enriquecimiento de los productos alimentarios no puede considerarse efectivamente válido y eficaz si no se valoran previamente las posibles interferencias de otros factores relacionados con la alimentación.

A continuación, analizaremos los productos que se incluyen en estas nuevas categorías.

Los nutracéuticos

Tal como indica su propio nombre, los nutracéuticos tienen una doble función: nutricional y farmacéutica. Es decir, son nutrientes que funcionan como fármacos. Ejemplos de ello son el arroz o los cereales enriquecidos con hierro y vitaminas; el aceite de arroz con ácidos grasos insaturados; o los alimentos naturales con leticina de soja.

Son compuestos bioactivos, obtenidos por síntesis o naturales, que tienen efectos beneficiosos en el organismo.

Se toman por sus propiedades medicinales, y por eso no se sabe si catalogarlos como alimentos o como fármacos; son híbridos que no están contemplados por ninguna legislación que regule el comercio. Los nutracéuticos son alimentos enriquecidos cuyo consumo se aconseja con objetivos preventivos y en las situaciones «de riesgo» que pueden generar las distintas circunstancias de la vida de nuestro tiempo.

Bebidas funcionales

Aparentemente las bebidas funcionales son parecidas a las otras bebidas. Por ello pueden formar parte de una dieta normal, mejoran el estado de salud de nuestro organismo y previenen algunas enfermedades crónicas.

En el ámbito deportivo, las bebidas con vitaminas y sales minerales sirven para reintegrar las pérdidas de los principios nutritivos comunes durante los esfuerzos físicos que comportan una sudoración abundante.

Al consumidor europeo le gustan los zumos y las bebidas enriquecidos con fibras, calcio y vitaminas; muchos de estos productos están enriquecidos con sustancias antioxidantes a las que se atribuye la protección contra los procesos de envejecimiento.

Alimentos fortificadores

Los alimentos fortificadores tienen la función de colmar las carencias de un nutriente. Son alimentos de gran consumo a los cuales se añade, en algún momento de la elaboración, uno o varios principios (vitaminas, sales minerales o elementos simples). De este modo, el organismo ingiere un componente que necesita, a pesar de no darse cuenta de ello. Es el caso de la sal yodada o yodurada, que no es otra cosa que sal común de cocina (cloruro de sodio) fortificada con 15 mg de yodo por kilo de sal y que se aconseja a personas para quienes el yodo constituye un elemento indispensable para el buen funcionamiento de la tiroides.

Otros ejemplos son:

- la leche adicionada con ácidos grasos de la serie Omega 3 (se ha demostrado científicamente que combaten la formación de colesterol en la sangre);

- los huevos enriquecidos con luteína, que se encuentra en los pigmentos de muchos vegetales y a la que se atribuyen propiedades terapéuticas para algunas disfunciones oculares;

- pan enriquecido con soja, útil para las mujeres durante la menopausia porque es rico en fitoestrógenos;

- cereales, muy habituales en el desayuno, enriquecidos con fibras, vitaminas y minerales, como calcio y hierro.

Los fos (fructooligosacáridos)

Los fos o fructooligosacáridos, es decir, azúcares en los que predomina la fructosa, se obtienen por síntesis enzimática de la sacarosa y tienen un poder edulcorante tres veces inferior al azúcar común, con un aporte calórico muy bajo. Su función principal es aumentar el peso y el volumen de las heces, estimulando así el tránsito intestinal y haciendo disminuir el índice de colesterol.

Probióticos, prebióticos, simbióticos

A diferencia de los antibióticos, que curan una infección matando a las bacterias que la causan, los probióticos enriquecen el intestino de bacterias útiles para reforzar el organismo, de modo que este pueda defenderse mejor en caso de infección. El ejemplo clásico es la leche

Los caramelos y los chicles enriquecidos

Desde no hace muchos años se elaboran caramelos y chicles sin azúcar y enriquecidos, que tienen un sabor muy agradable, obtenido gracias a formulaciones especiales que cubren el gusto no tan agradable de ciertas vitaminas y sales minerales. La gama de productos de este tipo es muy amplia: va desde los caramelos que refuerzan el sistema inmunitario hasta los chicles antiinflamatorios, pasando por los que favorecen la pérdida de peso y ayudan a dejar de fumar.

Enriquecer caramelos y chicles es, sin duda alguna, un modo simple e inmediato de aportar al organismo nutrientes de los que a menudo está falto, sin tener que cambiar de hábitos alimentarios.

fermentada que, gracias a los microorganismos vivos que contiene, fortalece la flora intestinal. También se comercializan cremas, yogures y productos lácteos enriquecidos con sustancias probióticas.

Los prebióticos son alimentos que contienen hidratos de carbono difíciles de digerir, con lo cual consiguen hacer que crezcan los microorganismos útiles para el organismo. Por último, los simbióticos son alimentos que contienen a la vez probióticos y prebióticos.

Alimentos de aportación calórica reducida

En la pasada década irrumpieron en el mercado otros alimentos «nuevos» que responden a las exigencias nutricionales de los consumidores, que están cada vez más informados sobre los problemas relacionados con la alimentación.

Desde hace años, los expertos en dietética, tal como se desprende de las conclusiones de sus convenios, dan una gran importancia a la necesidad de que las comidas tengan un aporte calórico adecuado para el tipo de vida de cada uno. Dicho de otro modo, quien hace menos ejercicio debe comer menos.

Este principio, difundido también por los medios de comunicación que se interesan en la problemática alimentaria, ha hecho que una parte de la industria del sector se haya decidido a proponer alimentos *light*, productos que, por su composición, son menos calóricos que sus homónimos tradicionales.

Como se ha dicho en repetidas ocasiones, los nutrientes más significativos desde el punto de vista calórico son las grasas, que, respecto a las proteínas y los azúcares, contienen más del doble de calorías por gramo. En este contexto surgen los productos tradicionales «aligerados», como la leche parcial o totalmente desnatada y los yogures magros (máximo 0,1 % de materia grasa).

El éxito comercial alcanzado por esta categoría de alimentos, que confirma el interés del consumidor por una nueva manera de alimentarse, ha incentivado la elaboración de otros productos de bajo contenido calórico. Así, han aparecido los quesos bajos en materia grasa, para cuya elaboración la grasa de la leche ha sido sustituida en mayor o menor medida por productos no grasos o por aceites vegetales sin colesterol. Con tecnologías innovadoras se han producido quesos tradicionales en los que se ha eliminado la mayor parte del colesterol de la parte grasa de la leche; o también mantequilla que se define como «ligera», con un 50 % menos de materia grasa y sin colesterol.

Tampoco podemos olvidar otras categorías de alimentos, como las bebidas dietéticas, que contienen edulcorantes sintéticos (sin calorías) en lugar de azúcar (sacarosa), las confituras que contienen sólo azúcares naturales procedentes de la fruta original, o caramelos dietéticos y chicles sin azúcar.

Son productos que cuentan con la aceptación de los consumidores, salvo en lo que se refiere al precio de venta: no se entiende que algunos quesos *light* elaborados con leche desnatada, una materia prima más barata, sean generalmente más caros que los tradicionales.

Al comprar estos productos, conviene leer siempre la etiqueta, que suele contener la información nutricional. Puede ocurrir que a algunos productos a los que se ha eliminado casi por completo la grasa se les añadan posteriormente otras sustancias que aumentan el aporte calórico. Por lo tanto, hay que considerar no sólo las grasas, sino también las calorías totales.

OGM (Organismos Genéticamente Modificados)

Nos ha parecido oportuno tratar en este capítulo los llamados OGM, sigla que designa los Organismos Genéticamente Modificados, es decir, plantas, animales o bacterias a los que se ha alterado artificialmente el ADN mediante procesos de ingeniería genética.

La introducción en la cadena alimentaria de OGM y sus derivados ha generado mucha controversia y ha dividido a la opinión pública. Los partidarios afirman que los OGM se pueden aceptar, siempre que estén suficientemente experimentados y se haya demostrado que no son perjudiciales para la salud; los detractores están preocupados por el hecho de que pueda haber peligros ocultos. Concretamente, en los países de la Unión Europea están en contra las organizaciones europeas de consumidores, que han presionado al legislador para lograr que todos los productos que contienen OGM sean claramente identificables y diferenciables. La intención final es que cada uno tenga la libertad de elegir el producto que desee, lo cual hace indispensable un etiquetaje completo que garantice la elección.

Recientemente la Unión Europea, sensibilizada por el problema, ha formulado el principio de la trazabilidad total de los OGM y de la transparencia en las etiquetas, a raíz del cual los productos que contienen derivados de OGM en cantidades superiores al 0,5 % tienen que estar etiquetados de modo que se exprese claramente esta circunstancia.

Todavía existe mucha confusión en el sector. Hay quien contribuye a ella censurando una presunta insuficiencia de criterios de seguridad y creando un clima de «caza de brujas» que desorienta al consumidor.

En realidad, debemos tener en cuenta que para los próximos decenios se prevé un crecimiento de la población mundial de unos tres mil millones de personas, circunstancia que obligará a un aprovechamiento más racional de los recursos necesarios para erradicar el hambre en el mundo.

Tampoco debemos olvidar la reciente decisión adoptada en la conferencia de Johannesburgo, que prevé la supresión en el año 2018 de todos los pesticidas. Cuando se abandone totalmente el uso de estos productos químicos, existirá el riesgo de que las cosechas sean sensiblemente inferiores, a causa de los ataques de parásitos. En estas circunstancias sólo quedará el recurso de las plantas genéticamente modificadas, que no requieren ninguna intervención química contra la acción de los parásitos.

Surge, pues, la necesidad de controlar estrictamente las biotecnologías utilizadas en el sector agroalimentario, valorando las características genéticas de cada producto nuevo para cada estadio de desarrollo (laboratorio, invernadero, campo) siguiendo las líneas guía y las normas establecidas al respecto.

Ciertamente, el rápido progreso de los conocimientos de base en el campo de la genética y la fisiología, y la regulación del desarrollo de las plantas que ha habido en los últimos años abren enormes expectativas para la mejora de las propiedades nutricionales de los alimentos obtenidos de plantas genéticamente modificadas.

Las instituciones tienen la obligación de informar acerca de los procedimientos de control, y también deben ser más comprensibles los riesgos y los beneficios concernientes a las biotecnologías. Además, los consumidores han de poder formarse una idea clara de los OGM, que sólo así podrán ser aceptados mundialmente y usados con seguridad en los alimentos, ya que habrá conciencia de que todas las fases de producción y elaboración han sido controladas rigurosamente.

En líneas generales, hoy en día se rechaza la aplicación de las biotecnologías en el sector agroalimentario. La opinión más extendida es que se trata de técnicas que no son naturales y que pueden acarrear consecuencias incluso potencialmente catastróficas para las generaciones venideras. No hay coincidencia entre los países. Por un lado, Finlandia, Países Bajos, Estados Unidos y Canadá son favorables, mientras que Austria, Grecia, Francia y Dinamarca, aunque de forma no declarada, no dan soporte a la aplicación de las biotecnologías.

La sensación que se percibe es que se espera la creación de una reglamentación capaz de conciliar la seguridad con el desarrollo científico y tecnológico. Esto significa que hasta que no se hayan aclarado los beneficios derivados del uso de productos genéticamente modificados, no habrá una actitud favorable por parte del consumidor, que continuará rechazando los alimentos que contengan elementos genéticamente manipulados.

Consejos para una compra racional

Dado el interés creciente que demuestra tener el consumidor por una alimentación sana y correcta, a continuación ofrecemos algunas sugerencias prácticas para realizar la compra:

- *leer atentamente la etiqueta, prestando especial atención a la composición de los ingredientes, la fecha de caducidad y las modalidades de conservación;*

- *no comprar grandes cantidades de productos si no se está seguro de que se van a consumir en relativamente poco tiempo y preferir siempre los productos con fecha de caducidad más lejana;*

- *comprar fruta y verduras de temporada, que son ricas en principios nutritivos (vitaminas y sales minerales) y cuyo costo es razonable; además, es conveniente comprarlas en puntos de venta autorizados, en los que se realicen las oportunas inspecciones;*

- *limitar el consumo de los aditivos potencialmente peligrosos (en los listados de ingredientes aparecen los aditivos);*

- *comprobar que los alimentos presentados en envases de cristal no han permanecido expuestos mucho tiempo al sol ni han sufrido alteraciones en el color;*

- *asegurarse de que los ultracongelados han sido bien conservados (se debe desconfiar cuando se ha formado escarcha sobre el envase, porque esto indica que se ha interrumpido la cadena del frío);*

- comprobar que las latas no estén abombadas o presenten indicios de óxido en el contenedor (indicios de fermentación del producto o de alteración del metal);

- no comprar embutidos que presenten restos de moho;

- comprobar que los contenedores de alimentos liofilizados estén totalmente enteros;

- controlar que el pescado fresco tenga la consistencia adecuada, los colores vivos y brillantes, el ojo lúcido y protuberante, las branquias rojas;

- evitar el contacto entre la carne y los productos que se consumen crudos, como la fruta y la verdura, para impedir la posibilidad de contaminación bacteriana.

PROBLEMAS ESPECÍFICOS RELACIONADOS CON LA ALIMENTACIÓN

Para una alimentación sana y equilibrada hace falta tener en cuenta las necesidades específicas de quien, por la edad o por la aparición de enfermedades, debe seguir una dieta personalizada, omitiendo determinados alimentos o nutrientes.

La alimentación en la tercera edad

Envejecer es un proceso fisiológico inevitable, pero la posibilidad de mantener un nivel satisfactorio de salud depende de muchos factores, entre ellos uno muy importante: la alimentación.

Reconociendo que una correcta alimentación se basa en la valoración de las necesidades de cada persona, en la tercera edad es fundamental, además, mantener un peso corporal idóneo. En efecto, el sobrepeso no representa simplemente una molestia estética, sino que causa muchas enfermedades con incidencia significativa en la mortalidad.

En esta etapa de la vida la necesidad energética se reduce en un 20-30 %, ya sea por la disminución de la actividad física, ya sea porque se reduce el consumo energético del metabolismo de base. Conviene adaptarse a esta situación consumiendo menos calorías y esforzándose en respetar los consejos referidos a la relación existente entre la cantidad de calorías ingeridas y el gasto calórico realizado.

En la tercera edad, el exceso y la carencia alimentaria son parámetros nocivos. Ambos representan distorsiones alimentarias que producen efectos nutricionales negativos, que repercuten en el estado de salud.

Consejos para la dieta

En lo concerniente a la dieta diaria, la persona anciana debería:

- *reducir el consumo de dulces y, sobre todo, de azúcar;*
- *beber cada día por lo menos un vaso de leche semidesnatada para ingerir calcio;*
- *preferir el consumo de hidratos de carbono complejos (pasta, patatas, arroz);*
- *no abusar del queso y los embutidos, que contienen mucha materia grasa;*
- *preferir fruta fresca y verdura para tomar la cantidad mínima indispensable de vitaminas y sales minerales;*
- *beber vino con moderación, uno o dos vasos por comida como máximo;*
- *utilizar aceite de oliva virgen extra para condimentar y cocinar, suprimiendo si es posible la mantequilla, la margarina y la manteca de cerdo;*
- *limitar el consumo de huevos (dos por semana, como máximo), teniendo en cuenta que pasados por agua se digieren mucho mejor;*
- *reducir el consumo de sal, pues hay que recordar que muchos alimentos ya llevan;*
- *preferir el pescado (el azul es rico en ácidos grasos poliinsaturados) a la carne;*
- *no olvidar las legumbres, que constituyen una buena alternativa a los productos animales y son saludables por su acción benéfica contra el colesterol (en puré se digieren más fácilmente);*
- *cenar ligero, a ser posible no demasiado tarde.*

Por otro lado, se ha demostrado que los factores que provocan la anticipación o el retraso de algunos signos característicos de la edad avanzada están relacionados precisamente con la alimentación, que según su calidad favorece o inhibe los procesos arterioesclerósicos.

Al envejecer, el organismo asimila cada vez menos las sustancias nutritivas, como vitaminas y oligoelementos (a ello contribuye también el uso frecuente de fármacos, que pueden influir haciendo disminuir el índice de absorción). Por lo tanto, es importante comer alimentos frescos, como carne, huevos, pescado, fruta y verdura, y alimentos ricos en calcio (leche y derivados lácteos) para afrontar los posibles problemas de osteoporosis.

Debe prestarse mucha atención a las necesidades individuales. En general, los ancianos presentan un exceso de peso con respecto a los estándares ideales, debido a la disminución de la actividad física y laboral. Una vez alcanzada biológicamente la tercera edad, el esfuerzo se centra en realizar todo aquello que tenga como fin hacer más lento el proceso de envejecimiento.

Una buena nutrición es un factor que contribuye notablemente a la mejora física y psicológica.

Dieta e hipercolesterolemia

Seguir una dieta correcta es indispensable para llevar una vida sana. Una alimentación irracional puede traer consecuencias graves para varios órganos, como el hígado y los riñones, y, sobre todo, para el sistema cardiocirculatorio.

El daño que sufren con mayor frecuencia las arterias es la arteriosclerosis, que consiste en el engrosamiento de las paredes a causa del depósito de colesterol, una sustancia contenida en muchos alimentos y que se sintetiza en el organismo. Cuando el colesterol de la sangre supera los valores normales (200 mg/l, según la mayor parte de los expertos; 250 mg/l, según otros) puede ocurrir que se deposite en las paredes de las arterias con la consiguiente restricción de las mismas y graves peligros para el funcionamiento de todo el aparato circulatorio.

Dada la estrecha relación entre arteriosclerosis y colesterol, la investigación se esfuerza en averiguar las causas que favorecen su formación, que, en parte (el 20 %, aproximadamente), es imputable al consumo de alimentos que lo contienen y, en parte (el 80 %), se debe a la biosíntesis orgánica.

Los ácidos grasos saturados (contenidos principalmente en las grasas animales) favorecen la formación del colesterol, mientras que los ácidos grasos insaturados (contenidos en gran parte en los aceites vegetales) no la favorecen. Sin embargo, existen estudios que han demostrado que en la arteriosclerosis influyen no sólo las grasas, sino también otros factores:

- el factor genético;

- la cantidad total de calorías ingeridas; se aconseja una dieta hipocalórica para evitar problemas de sobrepeso (en las zonas más pobres del planeta, en donde la alimentación tiene un bajo contenido calórico, los casos de hipercolesterolemia son inferiores);

- la cuota proteínica de la dieta (la carencia de proteínas en la dieta parece incidir en la colesterolemia, favoreciendo el aumento de colesterol);

- la cuota de glúcidos de la dieta, ya que los monosacáridos y disacáridos (glucosa, fructosa y sacarosa) hacen aumentar el colesterol, al contrario que los polisacáridos (almidones), contenidos en el arroz, la pasta y las legumbres;

- la actividad física (está demostrado que el ejercicio físico contribuye claramente al descenso del índice de colesterol);

- el estrés y el tabaco (las personas que llevan una vida agitada —estrés— y que trabajan intelectualmente son más propensas a sufrir hipercolesterolemia; también es perjudicial el consumo de tabaco).

El colesterol constituye uno de los factores que más favorece el riesgo coronario. Conviene intentar consumir alimentos que contengan cantidades mínimas de esta sustancia. La siguiente tabla muestra los contenidos de colesterol de los alimentos más comunes.

COLESTEROL DE LOS ALIMENTOS

Alimento	mg/100 g de parte comestible
Cereales y derivados	
cruasán	75
pasta al huevo cocida[1]	31
pasta al huevo cruda	94
Carnes frescas	
avestruz (carne magra cocida)[2]	72
avestruz (carne magra cruda)	57
bovino adulto (cortes anteriores)	59-72
bovino adulto (cortes posteriores)	52-68
bovino adulto (grasa separada)	75
bovino ternero (carne grasa separada)	75
bovino ternero (carne magra cocida)	(99)
bovino ternero (carne magra cruda)	70
bovino ternero cocinado	(101)
bovino ternero crudo	71
caballo	61
cerdo crudo	62
cerdo cocinado	(89)
cerdo (carne magra cocida)	(80)
cerdo (carne magra cruda)	(60)
cerdo (grasa separada)	70
cerdo ligero (espalda)	67
cerdo ligero (lomo)	61
cerdo ligero (muslo)	64
cerdo pesado (espalda)	83
cerdo pesado (lomo)	88
codorniz	58
conejo cocinado	(73)
conejo crudo	52
cordero cocinado	(98)
cordero crudo	71
cordero (carne grasa separada)	75
cordero (carne magra cocida)	(100)
cordero (carne magra cruda)	70
pavo entero con piel crudo	195
pavo entero sin piel cocido[2]	80
pavo entero sin piel crudo	63
pavo (muslo con piel cocido)	110
pavo (muslo con piel crudo)	92
pavo (muslo cocido)[3]	62
pavo (muslo crudo)	50
pavo (sobremuslo crudo sin piel)	71
pollo entero con piel cocido[2]	119
pollo entero con piel crudo	93
pollo entero sin piel cocido	109
pollo entero sin piel crudo	75
pollo (carne, piel y menudillos)	98
pollo (muslo con piel cocido)	91
pollo (muslo con piel crudo)	88
pollo (pechuga cocida)[3]	75
pollo (pechuga cruda)	60
pollo (sobremuslo crudo con piel)	82
pollo (sobremuslo crudo sin piel)	73
rana	50
Carnes transformadas y conservadas	
beicon	67
butifarra	180
carne bovina en gelatina (en lata)	29
carne bovina en gelatina prensada (en lata)	45
chicharrones	160
chorizo	192
corned beef (en lata)	93
embutido de caza	99
jamón cocido	62
jamón curado deshuesado	66
lomo embuchado	125
morcilla fresca	220
mortadela	170
panceta grasa	80
panceta magra	65

paté de hígado	169
salami	88
salchicha de cerdo (en lata)	180
salchicha de cerdo natural	180
salchicha frankfurt	122
salchicha fresca	168
salchicha de hígado	184
salchicha precocida[4]	98
salchicha de vaca (en lata)	160
salchichón	180
wurstel	62
zampone (salchicha precocida)[4]	95
Menudillos	
cerebro de bovino	>2.000
corazón de bovino crudo	150
corazón de bovino cocinado	(274)
corazón de pollo crudo	170
corazón de pollo cocinado	(231)
corazón de pavo crudo	150
corazón de pavo cocinado	(238)
hígado de bovino crudo	191
hígado de bovino cocinado[3]	(385)
hígado de pollo crudo	555
hígado de pollo cocinado	(746)
hígado de cerdo crudo	260
hígado de cerdo cocinado[3]	(599)
lengua de bovino cruda	119
lengua de bovino cocida	(211)
mollejas de bovino crudas	250
mollejas de bovino cocidas	(466)
riñones de bovino crudo	375
riñones de bovino cocinado	(804)
riñones de cerdo crudo	410
riñones de cerdo cocinado	(700)
Productos de la pesca	
anguila de piscifactoría filetes	97
arenque fresco	85
arenque marinado	97

atún en escabeche (escurrido)	(63)
atún en aceite	55
atún en aceite (escurrido)	65
bacalao (82)	
caballa o escombro fresco	95
caballa a la parrilla con grasas vegetales	(101)
calamar	64
cangrejo en lata (escurrido)	101
dorada filetes	64
dorada de piscifactoría filetes	68
escombro en escabeche	(94)
esturión	66
gambas frescas	150
huevas de esturión (caviar)	>300
langosta hervida	85
lubina de piscifactoría filetes	75
merluza o pescadilla cruda	50
merluza cocida (60)	
mejillones frescos	50
mejillones en lata (escurridos)	(63)
mújol, huevas de mújol	440
ostras frescas	50
salmón crudo	35
salmón a la parrilla (con grasas vegetales)	(47)
salmón ahumado	50
salmón en escabeche (escurrido)	35
sardinas en aceite	120
sardinas en aceite (escurridas)	(140)
trucha	55
trucha de piscifactoría filetes	50
Leche y derivados	
crema de leche (12 % de lípidos)	43
helado de crema (17 % de lípidos)	57
leche de cabra	10
leche de oveja	11
leche de vaca condensada azucarada	34

leche de vaca evaporada no azucarada	31	requesón	6
leche de vaca entera	11	ricota de oveja	42
leche de vaca entera en polvo	109	ricota de vaca	57
leche de vaca semidesnatada	7	roquefort	141
leche de vaca desnatada	2	**Huevos**	
leche de vaca desnatada en polvo	22	huevo de pata (yema)	2.110
yogur de leche entera	11	huevo de gallina entero crudo	371
yogur semidesnatado	8	huevo de gallina entero pasado por agua o duro	371
yogur a la fruta de leche entera	7	huevo de gallina entero, en tortilla o revoltillo	411
Quesos		huevo de gallina entero congelado	370
brie	98	huevo de gallina entero en polvo	1.600
cabrales	142	huevo de gallina (clara)	0
camembert	78	huevo de gallina (yema cruda)	1.337
crescenza	53	huevo de gallina (yema cocida en camisa)	1.337
edam	79	huevo de gallina (yema congelada)	1.270
emmental	145	huevo de gallina (yema en polvo)	2.800
feta	68	huevo de pava (yema)	2.397
gorgonzola	70	**Aceites y grasas**	
gruyer	145	aceites vegetales (oliva, soja, maíz, etc.)	0
manchego curado	143	aceite de hígado de bacalao	570
manchego semicurado	127	mantequilla	250
mozzarella de vaca	46	manteca de cerdo	95
parmesano	91	margarina (100 % vegetal)	0
provolone	73	margarina (2/3 de grasas animales, 1/3 de grasas vegetales)	50
queso de bola	125	**Productos varios**	
queso de Burgos	78	mayonesa	70
queso cremoso para untar	90	cacao, batido con leche	11
queso cremoso light	42	patatas cocidas (con leche y queso)	15
queso graso	170		
queso en porciones	171		
queso semigraso	140		

1. Hervido con agua destilada sin añadir sal.
2. Cocinado en el horno sin añadir grasas ni sal y escurrido de la grasa producida por la cocción.
3. Salteado en la sartén sin añadir grasas ni sal.
4. Hervido durante 20 min en el envase y escurrido el líquido producido por la cocción.

Nota: Los valores entre paréntesis se han obtenido del producto crudo.

LAS 100 PREGUNTAS DEL CONSUMIDOR

Cómo leer las etiquetas

¿Qué se entiende por fecha de caducidad?

La fecha de caducidad es la fecha antes de la cual el producto ha de ser consumido; la fecha se expresa con la indicación del día, el mes y el año para los alimentos que se conservan menos de tres meses; con la indicación del mes y del año para los alimentos que se conservan más de tres meses, pero menos de dieciocho; y con la indicación del año para los alimentos que se conservan más de dieciocho meses.

¿Qué se entiende por etiqueta nutricional?

La etiqueta nutricional es una declaración que figura en la etiqueta del producto relativa al valor energético y a los siguientes nutrientes: proteínas, hidratos de carbono, grasas, fibras alimentarias, vitaminas y sales minerales. Las informaciones deben estar contenidas en una única tabla y en español. No deben atribuir al producto cualidades curativas o que no sean reales.

¿Cuáles son los alimentos para los que no se prevé la indicación del plazo máximo de conservación ni la fecha de caducidad?

No se indica la fecha de caducidad en los siguientes productos:
• hortalizas y fruta de temporada;
• vinos, licores y vinos espumosos;
• bebidas con contenido de alcohol etílico igual o superior al 10 %;
• productos de la panadería y de la pastelería que normalmente se consumen dentro de las 24 horas que siguen a la fabricación;
• vinagres;
• sal de cocina;
• azúcares en estado sólido.

¿Qué productos alimentarios deben llevar fecha de envasado que haga referencia al día, el mes y el año?

En los productos perecederos debe constar el día, el mes y el año. Dichos productos son:
• leche, bebidas a base de leche y similares, cremas de postre;
• leche fermentada;
• pasta fresca con relleno de carne o queso;
• productos de huevo;
• carne, pollo y caza fresca o congelada;
• pan en bolsa u otros tipos de pan envasado;
• productos de la mar frescos o congelados;
• carnes preparadas.

¿Qué productos alimentarios deben llevar fecha de envasado que haga referencia al mes y el año?

En los siguientes productos es obligatorio indicar solamente el mes y el año de envasado:
• alimentos ultracongelados;
• derivados de la leche;
• margarina y grasas hidrogenadas;
• condimentos para panificación;
• salsas no esterilizadas;
• grasas y aceites alimentarios envasados.

¿Qué indicaciones prevé la ley que deben figurar en los envasados?

En los productos alimentarios envasados destinados a la venta deben constar las siguientes indicaciones:
• la denominación de venta;
• la lista de ingredientes en orden de peso decreciente;
• el plazo mínimo de conservación o, en el caso de productos perecederos, la fecha de caducidad;
• el peso o el volumen neto;
• el nombre o la razón social del fabricante o empresa envasadora;
• el domicilio del establecimiento de producción o de envasado;
• el lote al que pertenece el producto;
• en función de la naturaleza del producto, las modalidades de conservación;
• las instrucciones para el uso en los casos necesarios.

¿Qué diferencia hay entre la fórmula «Consumir preferiblemente antes de...» y «Consumir antes de...»?

La fórmula «Consumir preferiblemente antes de...» indica el plazo mínimo de conservación hasta el cual el producto, si está conservado correctamente, conserva sus cualidades organolépticas; en cambio, «Consumir antes de...» indica el límite máximo para el consumo y la venta del producto.

¿Qué se entiende por ingrediente?

El término *ingrediente* designa cualquier sustancia, incluidos los aditivos, usada en la preparación de un producto alimentario y todavía presente en el producto acabado. En la etiqueta, los ingredientes deben figurar en orden de peso decreciente.

¿Es todavía comestible un alimento que haya superado la fecha sugerida por la fórmula «Consumir preferiblemente antes de...»?

La fórmula «Consumir preferiblemente antes de...» garantiza hasta la fecha mencionada la conservación de todas las cualidades del alimento.

Pasada dicha fecha la cualidades podrían disminuir, pero sin alterar la comestibilidad del alimento.

¿Cuáles son las obligaciones previstas para los alimentos que se venden a granel?

Los productos alimentarios no envasados o que generalmente se venden por porciones deben tener un letrero en los contenedores con todas las indicaciones previstas para el producto envasado.

¿Qué significa biológico?

Cabe recordar, en primer lugar, que el término *biológico* se refiere al sistema de producción y no al producto. Para estar seguros de que un producto es efectivamente biológico hay que comprobar que lleve la marca de la empresa encargada por el Ministerio de controlar las modalidades de producción.

¿Cuáles son los requisitos para que un alimento sea considerado «natural»?

El término *natural* no está reglamentado por ninguna norma. Debería referirse a un producto alimentario que no ha sufrido ningún tratamiento químico, sino sólo tratamientos físicos (lavado o separación) que no hayan alterado los elementos que los constituyen.

¿Qué se entiende por alimentos DOP e IGP?

Son dos siglas que garantizan el origen de los productos:
• los productos DOP (denominación de origen protegido) deben estar hechos de materia prima proveniente del área geográfica delimitada y elaborados (transformados, macerados, envasados) en la misma área;
• los productos IGP (indicación geográfica protegida) deben estar hechos con materia prima proveniente del área geográfica señalada, mientras que el proceso de producción (envasado o reposo) puede realizarse en otro lugar.

¿Qué son los OGM?

Con la sigla OGM se indican los Organismos Genéticamente Modificados, es decir, plantas, animales o bacterias a los que se ha alterado artificialmente el ADN mediante ingeniería genética, normalmente para mejorar la productividad o la resistencia a insectos y enfermedades.

¿Qué es la trazabilidad?

La trazabilidad es el «documento de identidad» de un producto alimentario y permite identificar a todas las empresas que han intervenido en su preparación, desde el productor de la materia prima hasta que llega a las manos del comprador.

¿Qué debe hacer el consumidor si tiene dudas fundadas acerca de la genuinidad de un alimento que ha comprado?

Debe dirigirse a un organismo como la OCU (Organización de Consumidores y Usuarios) y aportar los datos exactos para la identificación del producto del que se tienen sospechas, los datos del punto de venta y la descripción de las irregularidades observadas.

¿Qué diferencia hay entre un producto fraudulento y un producto adulterado?

En ambos casos se han producido fraudes alimentarios. La adulteración consiste en substraer a un alimento uno de los ingredientes nutritivos sin que el aspecto resulte alterado (por ejemplo, vender como si fuera leche entera una leche semidesnatada, es decir, sin una parte de la materia grasa). Un alimento es fraudulento cuando se sustituye voluntariamente por otro de menor valor comercial (por ejemplo, los casos en que se añade margarina a la mantequilla o aceite de semillas al aceite de oliva).

¿Qué es un aditivo químico alimentario?

El aditivo es una sustancia que carece de valor nutritivo o que se usa con un objetivo no nutritivo y que se incorpora en una fase de la elaboración a la masa o a la superficie de los alimentos, para conservar o mejorar sus cualidades, evitar que se deterioren o conferirles unas características determinadas de aspecto, sabor, olor o consistencia.

¿Los aditivos se suelen añadir siempre voluntariamente a los alimentos?

Los aditivos se dividen en voluntarios, accidentales e involuntarios:
* los aditivos voluntarios se añaden voluntariamente a los alimentos en una fase del proceso de elaboración;
* los aditivos accidentales pueden hallarse en los alimentos por casualidad (suciedad, residuos de detergentes, restos de metales de las instalaciones, etc.);
* los aditivos involuntarios pueden hallarse como consecuencia de prácticas agronómicas efectuadas de modo incorrecto (residuos de antiparasitarios).

¿La presencia de nitritos y nitratos en los alimentos debe preocupar al consumidor?

El recelo existente hacia el uso de nitritos y nitratos está originado por la posibilidad de que se formen anquilnitrosaminas, productos sobre los que persisten serias dudas porque están considerados cancerígenos.

En cualquier caso, las dosis de empleo de los nitratos no deberían ser dañinas, especialmente si no se consumen a diario los alimentos que los contienen.

¿Qué significado tiene el término *sanificación* en el ámbito de los establecimientos de productos alimentarios?

Durante la producción, los alimentos pueden estar contaminados por microorganismos originados por condiciones higiénicas y sanitarias precarias de las plantas de producción.

Por *sanificación* se entiende todas las medidas adoptadas para hacer que los locales en donde se realiza la producción sean higiénicamente idóneos, es decir, las operaciones que se llevan a cabo para reducir la contaminación microbiótica de todo lo que pueda ser perjudicial para la salud.

¿Qué son las grasas hidrogenadas?

La hidrogenación, sobre la que hace un tiempo existían ciertas reservas, es una tecnología empleada para transformar a temperatura ambiente una grasa de estado líquido a estado sólido, que, al ser más estable, es más fácil de utilizar, práctico y tiene más valor comercial. Según el tipo de hidrogenación (total o parcial) se pueden obtener productos diferentes.

¿Cuál es la diferencia entre aromatizantes naturales y aromatizantes artificiales?

El aromatizante es una sustancia empleada en los productos alimentarios o sobre ellos, capaz de darles olor o sabor, o ambas cosas. Se puede obtener mediante procedimientos físicos, enzimáticos o microbiológicos, a partir de una materia de origen vegetal o animal, en cuyo caso el aromatizante se define como natural. En cambio, si se obtiene por síntesis química y es idéntico al que contiene un producto vegetal o animal, el aromatizante se define como natural-idéntico. Finalmente, si se obtiene por síntesis química y no es idéntico al que se encuentra en un producto vegetal o animal se define como aromatizante artificial.

¿En qué se diferencian los colorantes naturales y artificiales?

Los colorantes naturales son los que se extraen de las hojas, la pulpa o la piel de frutos, y generalmente son inocuos para la salud del consumidor, pero insuficientes para dar a los alimentos la estabilidad cromática deseada.

Los colorantes artificiales se obtienen por síntesis química. Ofrecen un color estable, agradable para el consumidor, pero, aunque no se usan hasta haber experimentado sus efectos en el organismo humano, todavía generan desconfianza.

¿Qué significa alimento contaminado?

El término *contaminación* se aplica a cualquier sustancia que se encuentra en el organismo de forma casual y no intencionada, proveniente de ciertas fuentes, como por ejemplo pesticidas, estiércol, residuos industriales...

Hace unos años, cuando todavía no estaba prohibida la gasolina con plomo, se registraron casos de frutas y verduras con un contenido de plomo superior al límite autorizado, porque los cultivos se encontraban cerca de zonas con mucho tráfico.

Dieta y preparación de los alimentos

¿Cuántas calorías hay que ingerir cada día?

No hay una cantidad de calorías fija, sino que esta depende del sexo, la edad, el tipo de vida y la actividad que se lleva a cabo. Normalmente, para un individuo de 65-70 kg de peso se aconseja una dieta de 2.600-2.700 cal diarias si lleva una vida sedentaria, y de 3.100-3.200 si su vida es muy activa. Estos valores disminuyen en el 20 % para las mujeres.

¿Los ancianos tienen las mismas necesidades calóricas?

En la tercera edad la necesidad energética se reduce en un 20-30 %, debido a la disminución de la actividad física y a los cambios en el metabolismo de base. Por lo tanto, hay que adaptar coherentemente la cantidad de calorías de la dieta.

¿Qué tipos de cocción causan una pérdida menor de principios nutritivos?

Habida cuenta de que cuanto más largo es el tiempo de cocción, mayores son las pérdidas, y de que la cocción en agua, aun sin llegar a hervir, incide negativamente, conviene cocer en poca agua o, preferiblemente, cocinar al vapor. La fritura daña considerablemente la parte externa de los alimentos, lo cual provoca una notable degradación de las vitaminas, sobre todo si se utiliza aceite de semillas.

¿En qué principio se basa la cocción en el horno microondas?

A diferencia de otras radiaciones, como los rayos gama y los rayos ultravioletas, las microondas no ionizan y tienen la característica de que se eliminan instantáneamente en cuanto cesa la acción de la fuente que las origina. Otra característica es que generan calor sin dar lugar a modificaciones permanentes. Las microondas se reflejan en los metales, atraviesan los materiales transparentes, como el cristal, o son absorbidas, como ocurre en los alimentos, y en dicho caso producen calor. Este calor proviene de la agitación de las moléculas de agua que contiene el cuerpo que las absorbe. Dado que el agua está en distintas proporciones en casi todas las comidas, la vibración de sus moléculas hace que el horno microondas pueda cocer, calentar o descongelar. Obviamente, este modo de cocción es más eficaz en los alimentos que tienen un mayor contenido de agua.

¿Cuáles son los alimentos más ricos en antioxidantes?

Los alimentos ricos en antioxidantes, y que por esta razón deberían consumirse con regularidad, son la fruta (arándanos, grosellas, cerezas, manzana, frambuesas, ciruelas, fresas, cítricos), algunas bebidas (té verde, té negro, vino tinto), las verduras de hoja verde, las achicorias, las cebollas rojas, las berenjenas y el aceite de oliva virgen extra.

¿Por qué es necesario comer alimentos ricos en fibra?

La fibra aumenta la eficacia del aparato digestivo, con la consiguiente sensación de bienestar, porque se ponen en funcionamiento más rápidamente los órganos de la digestión.

¿Cuáles son los alimentos más ricos en colesterol?

Contienen colesterol los alimentos ricos en ácidos grasos saturados, como la carne y la mantequilla.

¿Qué efectos provoca la cafeína?

La cafeína excita el sistema nervioso central, disminuyendo tanto la sensación de fatiga como la somnolencia. También aumenta la frecuencia cardiaca, por lo cual en dosis elevadas puede causar arritmias. Es aconsejable no tomar más de dos o tres cafés al día.

La conservación de los alimentos

¿Cómo se conservan adecuadamente los alimentos?

La carne y los quesos se conservan en el frigorífico, en envoltorios impermeables para evitar que se deshidraten. La carne picada debe guardarse siempre en el frigorífico, en un contenedor cerrado, y debe comerse preferiblemente antes de 24 horas. Al pescado se le debe quitar la tripa cuanto antes; seguidamente se limpia y se guarda envuelto en papel transparente. A las verduras y las hortalizas se les cortan las partes no comestibles y las hojas superficiales, se lavan y se guardan en el frigorífico. En el interior del frigorífico hay que evitar que estén en contacto las verduras con la carne y el pescado.

¿Cuál es la diferencia entre congelación y ultracongelación?

Son dos técnicas diferentes. En ambas la congelación se logra enfriando el producto a −20 °C. La congelación, sin embargo, se obtiene con mucho más tiempo que la ultracongelación. La diferencia sustancial entre las dos técnicas es que con la congelación se forman macrocristales de hielo que alteran la estructura del alimento, con lo que se resiente su valor nutritivo; en cambio, con la ultracongelación se forman microcristales de hielo que no dañan las paredes celulares, con lo cual se mantiene inalterado el patrimonio nutritivo.

¿Qué es la «cadena del frío»?

En el sector de la alimentación, por cadena del frío se entiende que un alimento, desde el momento de su producción hasta que se consume, ha sido conservado a una temperatura determinada, que en el caso de los productos congelados o ultracongelados debe ser inferior a −20 °C; una posible interrupción en la cadena, aunque sea por poco tiempo, podría provocar un deterioro del producto, y por eso es absolutamente necesario que la cadena del frío no se interrumpa.

¿De qué manera se puede saber que un producto ultracongelado no ha sido conservado correctamente?

La principal garantía para un ultracongelado es que se haya respetado la cadena del frío. Un indicio que revela que se ha interrumpido es la formación de escarcha en el envase del producto.

¿Qué garantías nutritivas ofrecen los congelados y los ultracongelados?

En cuanto a contenido de proteínas, lípidos y azúcares, las garantías son las mismas que en el producto fresco. En lo que concierne a las vitaminas y las sales minerales, puede haber una diferencia despreciable, ya que por lo general estos productos se transportan rápidamente a las plantas de producción. Por otro lado, hay que tener en cuenta también que cuando se compran verduras y hortalizas en el mercado, normalmente ya hace unos días que se han recogido, y, por lo tanto, han sufrido una pérdida de vitaminas.

¿Es aconsejable congelar la fruta y las hortalizas en casa?

La operación de congelar alimentos en casa es una práctica fácil de llevar a cabo, siempre y cuando se respeten algunas normas higiénicas. Deben tomarse todas las precauciones para garantizar la máxima higiene y es muy importante escoger productos de buena calidad. Por esta razón es aconsejable congelar sólo en determinadas épocas del año, cuando los productos de la temporada están en las mejores condiciones. De este modo estaremos seguros de congelar los alimentos adecuados en el momento idóneo y, un factor que no debe subestimarse, a un precio justo. Además, hay que recordar que muchas verduras deben ser escaldadas antes de la congelación. Es conveniente dividir el alimento en pequeñas porciones y graduar anticipadamente el congelador a la temperatura mínima.

¿Cómo se descongelan correctamente los alimentos congelados y los ultracongelados?

La descongelación es una operación tan importante como la congelación, y puede efectuarse de varias maneras: en el frigorífico, a temperatura ambiente, con agua o con aire caliente. En el caso de los productos pequeños, es aconsejable descongelarlos a temperatura ambiente; los grandes conviene descongelarlos en el frigorífico, para evitar el riesgo de contaminación: ocurre que en las piezas grandes, si se descongelan a temperatura ambiente, la parte central permanece congelada durante un tiempo, mientras que la externa está en condiciones favorables para recibir el ataque de los microorganismos, que son responsables de alteraciones indeseadas. Si, por el contrario, la descongelación tiene lugar en el frigorífico, la zona externa, a pesar de descongelarse antes, se mantiene siempre a una temperatura inferior a los 4 °C, protegida de una posible agresión bacteriana. La descongelación más rápida se realiza con agua corriente. En este caso es aconsejable proteger el producto que se descongela con un envoltorio impermeable para que el agua no se diluya y arrastre parte del patrimonio nutritivo (vitaminas y sales minerales).

¿Por qué razón se desaconseja congelar un alimento por segunda vez?

La condición fundamental para la congelación de alimentos es partir de un producto sano y de buena calidad. Al descongelarse, el producto ha permanecido durante un cierto periodo de tiempo a temperatura ambiente, es decir, en condiciones de ser atacado fácilmente por los microorganismos, y ello entraña el riesgo de recongelar un producto que ya no esté en perfectas condiciones.

¿Qué productos pierden más vitaminas, los congelados o los enlatados?

Con la congelación se pierden menos vitaminas, ya que el tratamiento térmico que requiere el proceso de enlatar comporta una pérdida mayor de vitaminas.

¿Qué es la liofilización?

La liofilización es una técnica utilizada para la conservación alimentaria que consiste en deshidratar los alimentos extrayéndoles el agua mediante sublimación. Antes de consumir un producto liofilizado se debe rehidratar, operación que se realiza en pocos minutos.

¿Cuáles son las ventajas y los inconvenientes de los liofilizados?

Los liofilizados no necesitan frigoríficos o congeladores para su conservación. El producto se mantiene muy estable en el tiempo y sólo se necesita agua para reconstituirlo. El único inconveniente de los liofilizados es el precio, en el que inciden notablemente el establecimiento y la amortización de las plantas de liofilización y el envasado, que han frenado notablemente su introducción en el mercado.

¿Qué valor nutricional tienen los liofilizados?

La incidencia de la liofilización en el valor nutritivo de los alimentos es igual a la de otros medios de conservación (congelación, ultracongelación): la disminución de contenido de vitaminas gira en torno al 20 %, mientras que el valor biológico y la digeribilidad no sufren variaciones.

¿Por qué se irradian algunos alimentos?

Con la irradiación, los alimentos son expuestos a la energía ionizante durante un tiempo suficiente para hacer disminuir la carga bacteriana (es decir, la cantidad de gérmenes nocivos), con el fin de prevenir un deterioro anticipado.

¿Qué tipo de hoja se usa para envolver los alimentos?

Para envolver los alimentos es preferible utilizar hojas de polietileno (se reconocen por la indicación «No contiene PVC»), ya que no contienen plastificantes, o también papel de aluminio, salvo para comidas saladas o ácidas.

Aceite

¿Para los condimentos es mejor usar aceites vegetales o grasas animales?

Los nutricionistas aconsejan siempre el uso de aceites vegetales, porque, a diferencia de las grasas animales, son ricos en grasas insaturadas y no tienen colesterol.

¿Cuál es la diferencia entre el aceite de oliva virgen extra y el aceite de oliva?

El aceite de oliva virgen extra se obtiene con el estrujamiento, centrifugado y filtrado, unos tratamientos físicos que no afectan en modo alguno al contenido de los componentes menores. Su acidez siempre es inferior al 1 %. El aceite de oliva se obtiene de una mezcla de aceite rectificado con cantidades mínimas de aceite de oliva virgen extra. El aceite rectificado se obtiene del aceite lampante (un aceite con alto grado de acidez y olor y sabor desagradables), mediante un procedimiento químico de refinación que elimina, además de estas características negativas, algunas cualidades del aceite de oliva virgen extra.

¿Qué aceite debe utilizarse para la condimentación de alimentos crudos?

El aceite de oliva virgen extra es el mejor condimento para usar crudo, tanto por su bajo grado de acidez y ausencia de colesterol, como porque contiene compuestos fenólicos y tocofenólicos. También se puede aconsejar una mezcla de 2/3 de aceite de oliva virgen extra y 1/3 de alguno de los aceites de semillas más ricos en ácidos grasos esenciales.

¿Qué tipo de aceite debe utilizarse para freír?

El aceite de oliva es preferible al de semillas, porque es más estable debido a su menor contenido de ácidos grasos insaturados, que, con el calor, originan efectos indeseados. Si, pese a todo, se quiere utilizar un aceite de semillas, el mejor es el de cacahuete, que contiene menos ácidos grasos insaturados.

¿Cuántas veces se puede usar un aceite para freír?

Es importante que el aceite se utilice solamente una o dos veces. Recordemos que no se debe usar poco aceite para freír, y que es muy importante saber calentar el aceite sin que llegue a humear, porque a esta temperatura se forman sustancias tóxicas para el hígado.

¿Qué aceite de semillas debemos escoger?

Los aceites de semillas más apreciados son los de una sola semilla, como cacahuetes, maíz o girasol; son de calidad inferior los aceites de soja y de colza. No es aconsejable el uso de aceites de semillas variadas porque la mayor parte de ellos están hechos de mezclas de aceites de valor comercial menor.

¿Cómo deben conservarse los aceites?

Los aceites se conservan en lugares frescos y bien aireados, resguardados de la luz. La protección de la luz es especialmente importante para los aceites de semillas, que por este motivo a veces se comercializan envasados en latas.

¿Qué es el aceite de orujo y de oliva?

El aceite de orujo es el que se extrae refinando el orujo, es decir, la pasta que sobra después de haber exprimido las olivas. Una vez refinado se mezcla con cantidades mínimas de aceite de oliva virgen extra y se comercializa con la denominación «aceite de orujo y de oliva».

¿Qué aceites son más ricos en ácidos grasos insaturados?

Los aceites que contienen más ácidos grasos insaturados son los aceites de semillas (en orden de cantidad tenemos: aceite de girasol, de maíz, de orujo, de soja, de cacahuete). Sin embargo, esto los hace más inestables al calor y poco aptos para la cocción.

Leche y derivados lácteos

¿Cómo se conservan los tipos de leche más habituales?

• Leche pasteurizada: se conserva en el frigorífico (2-4 °C), durante un máximo de 3-4 días; se puede tomar sin hervirla previamente si se conserva adecuadamente en el contenedor todavía cerrado.

• Leche UHT de larga conservación: se conserva a temperatura ambiente durante 3 meses; una vez abierto el envase se conserva en el frigorífico y debe consumirse en 2 días.

• Leche esterilizada: gracias al tratamiento térmico que se le practica, tiene una duración de 6 meses; una vez abierto el envase se conserva en el frigorífico y debe consumirse en 2 días.

¿Cuáles son los fraudes más frecuentes en la mantequilla y la leche?

La mantequilla puede contener grasas ajenas a las que provienen de la materia grasa de la leche. La leche puede contener porcentajes de grasa diferentes de los declarados, o bien puede haber sido obtenida de la reconstitución de la leche en polvo.

¿Cuál es la diferencia entre quesos de pasta blanda y quesos de pasta dura?

Se diferencian por el contenido de agua, que va del 40 al 70 % en los de pasta blanda y es inferior al 40 % en los de pasta dura.

¿Qué porcentaje de grasas contienen los quesos «magros» y los que se declaran «ligeros»?

Los quesos «magros» contienen menos del 20 % de grasas; los «ligeros», entre el 20 y el 35 %. Los quesos que no llevan ninguna indicación normalmente contienen porcentajes de materias grasas superiores al 35 %.

¿Cómo se mide el porcentaje de grasa del queso?

La normativa vigente estipula que para los quesos el porcentaje de grasa debe estar referido a la sustancia seca. Por lo tanto, si una *mozzarella* de 100 g que contiene un 50 % de agua tiene un porcentaje de materia grasa del 44 %, este porcentaje está referido sólo a los 50 g de parte seca, por lo cual su contenido de grasa será de 22 gramos.

¿Cuál es la diferencia entre quesos crudos, semicurados y curados?

Los quesos crudos se preparan a temperatura ambiente, los semicurados a una temperatura de unos 40 °C y los curados a unos 60 °C.

¿Hay diferencias entre el contenido de grasa de la mozzarella de búfala y la de leche de vaca?

La *mozzarella* de leche de vaca ha de contener sustancia grasa en una medida no inferior al 44 %, mientras que la de búfala debe contener como mínimo el 52 %.

¿Es conveniente rallar al momento el queso o se puede utilizar tranquilamente el queso rallado en bolsas?

El queso, al ser un producto rico en grasas, está expuesto a procesos de enranciamiento, cuyas consecuencias son la aparición de radicales libres y el deterioro de sus características organolépticas y, por lo tanto, debería consumirse siempre recién rallado. Por esta razón, el producto debe conservarse protegido de la luz en un contenedor cerrado herméticamente (muchos de los recipientes que se utilizan habitualmente en la restauración no son fiables). La tecnología moderna ha permitido mejorar los plazos y los modos de conservación del queso rallado con los nuevos envases en atmósfera modificada (en los que se sustituye el aire por una mezcla de anhídrido carbónico y nitrógeno que prolonga hasta cuatro o cinco veces la vida comercial del producto). Naturalmente, una vez abierto el contenedor, la parte que queda debe cerrarse bien y conservarse en el frigorífico.

¿Cuál es la diferencia entre la mantequilla y la margarina?

La mantequilla es un producto que se elabora con nata (sustancia grasa) de la leche de vaca. En el mercado hay de tres tipos: la normal, con un contenido mínimo de materia grasa del 80 %, y otras dos bajas en grasas, una con valores que van del 59 al 61 % y otra con un porcentaje de materia grasa situado entre el 39 y el 41 %. La margarina, que se puede considerar un sucedáneo más económico de la mantequilla, es una emulsión hecha de grasas y agua. La grasa, que puede ser de origen animal o vegetal, debe representar como mínimo el 84 % del total.

Huevos

¿Qué diferencias hay entre la yema y la clara de huevo?

La yema tiene un contenido mayor de grasas y proteínas que la clara.

¿Cuál es el significado de las categorías A, B, C y extra para los huevos?

El calificativo extra se aplica a los huevos frescos hasta el séptimo día contado desde la puesta; la categoría A se aplica a los huevos frescos; la B, a los huevos de segunda selección; y la C, a los huevos destinados a la industria. Para los huevos frescos, la fecha de consumo aconsejado en el contenedor debe ser como máximo de 28 días después de la puesta.

¿Qué significan las indicaciones que figuran en el etiquetaje como «huevos de gallinas criadas al aire libre», «en tierra» o «en boxes»?

La indicación «al aire libre con sistema extensivo» significa que la gallina ha sido criada al aire libre con 10 m² de terreno con vegetación a su disposición; «al aire libre» quiere decir que la gallina ha sido criada al aire libre, con 2,5 m² de terreno con vegetación; «en el suelo» o «en tierra» significa que en 1 m² se han criado siete gallinas; y «en boxes», que en 1 m² se han criado 25 gallinas.

¿Cuál es la mejor manera de preparar el huevo para digerirlo más rápidamente?

El huevo requiere un tiempo bastante largo para una digestión completa, pero varía mucho según la forma de preparación. El huevo pasado por agua se digiere en 1 hora y 45 minutos, el huevo crudo requiere un poco más de tiempo, aunque menos que el huevo frito en mantequilla y el huevo duro, cuya digestión dura 3 horas.

¿Cuáles son los fraudes más frecuentes en los huevos?

Los fraudes más habituales son la venta de huevos de una categoría de peso distinta a la declarada, o bien la venta de huevos con una fecha de consumo aconsejada de más de 28 días.

Pan y pasta

¿Qué ventajas presenta el pan integral?

El uso de harina integral hace que el pan integral contenga más fibra. Por otro lado, tiene un contenido calórico menor que el pan blanco.

¿Qué es más calórico: el pan o los colines o palitos?

El pan tiene una proporción de agua que va del 30 al 40 %, según las piezas, mucho más elevada que la de los colines o palitos, que no superan el 10 %. Por lo tanto, a igual peso, comiendo pan se absorben menos calorías.

¿Qué piezas de pan contienen más agua?

La normativa establece para cada pieza de pan un contenido máximo de agua, tal como puede observarse en la siguiente tabla.

Piezas (g)	Humedad máxima autorizada
hasta 70	29 %
hasta 250	31 %
hasta 500	34 %
hasta 1.000	38 %
más de 1.000	40 %

¿Qué son los panes especiales?

Los panes especiales se elaboran usando los mismos ingredientes que se utilizan para el pan común pero se les añaden grasas, aceite de oliva, manteca de cerdo o leche; en algunas preparaciones se añaden también pasas, higos, olivas, miel, orégano o sésamo.

¿Qué es el arroz parboiled?

El arroz *parboiled* (parcialmente hervido) recibe un tratamiento al vapor gracias al cual los principios nutritivos, como las vitaminas, no se eliminan al refinarlo. Este tipo de arroz tiene un valor nutricional superior al refinado y similar al del integral, con la única excepción de que contiene menos fibra. Además, este arroz aguanta mejor la cocción.

¿Cuáles son los fraudes en el sector de la pasta?

El fraude más común ocurre en Italia y consiste en producir pasta seca con un porcentaje de sémola de grano tierno.

Este fraude en el pasado era muy habitual, pero en la actualidad está desapareciendo gracias a una técnica de análisis que permite descubrir la mínima inclusión de grano tierno en la pasta.

Carne y embutidos

¿Qué es la maceración?

La maceración es el proceso de maduración aplicado a la carne para que sea más tierna y sabrosa. Consiste en conservar a una temperatura de entre 0 y 4 °C los cuartos resultantes de la descuartización del animal durante un tiempo que va de 5 o 6 días a 15 o 20 días. De este modo la carne es más tierna y sabrosa.

¿Es verdad que las carnes rojas son más nutritivas?

Está muy extendida la convicción de que las carnes rojas, especialmente la de caballo, son un alimento más nutritivo que los otros tipos de carne. El valor nutritivo y biológico de las carnes es el mismo, ya que no existen carnes más ricas o pobres en proteínas que otras; todas contienen alrededor del 20 % de proteínas nobles, y, por lo tanto, aportan aminoácidos esenciales.

¿Con qué objetivo se añaden nitritos y nitratos a los embutidos?

Los nitritos y los nitratos se usan principalmente en la preparación de la carne en lata y en los embutidos, con la función de reavivar y estabilizar el color; la dosis máxima autorizada ha de ser inferior a 250 mg/kg. Además de esta función, los aditivos protegen la carne o los embutidos de un posible ataque del *Clostridium botulinum*, un microorganismo que produce una toxina letal para el hombre.

¿Cuáles son las diferencias entre el jamón curado y el jamón cocido?

El jamón curado tiene un valor nutritivo más alto que el cocido. Se obtiene del muslo del cerdo, salado, secado y con un periodo establecido de reposo. La calidad de la materia prima y la complejidad del proceso productivo hacen que sea más caro. El jamón cocido se obtiene de muslos de cerdo de segunda calidad o de importación, que son más económicos. El proceso productivo comporta la inyección en el tejido muscular de un adobe que se

obtiene mezclando generalmente agua, azúcar, sales, nitritos o nitratos, con o sin polifosfatos; a continuación, se masajea mecánicamente y se cuece.

Su alto contenido de agua hace que se deteriore más rápidamente que el jamón curado.

Pescado

¿Cuál es el criterio que se ha de tener en cuenta para valorar la frescura del pescado?

CRITERIOS PARA VALORAR LA FRESCURA DEL PESCADO, SEGÚN EL REG. CEE N. 103/76

Características	pescado fresco	pescado deteriorado
pigmentación de la piel	viva, sin indicios de decoloración	apagada
ojo	convexo con pupila negra	cóncavo con pupila gris
branquias	de color brillante	de color amarillento
carne	brillante	opaca
color de la sangre	rojo brillante	rojo marronoso
peritoneo	se adhiere completamente a la carne	no se adhiere

¿Qué tipos de pescado contienen ácidos grasos de la serie Omega 3, beneficiosos para el aparato circulatorio?

Casi todo el pescado contiene cantidades suficientes de ácidos
grasos de la serie Omega 3; de todos modos, los que más contienen son el arenque, la anguila, la dorada, el salmón, la lubina o ró-
balo y la sardina.

¿Por qué razón la mayor parte de nutricionistas sugiere co-mer mucho pescado, especialmente pescado azul?

La parte grasa del pescado, sobre todo del azul, es muy rica en ácidos grasos insaturados, que son particularmente útiles para combatir la hipercolesterolemia.

¿Cómo debe cocinarse el pescado azul?

El tipo de cocción más apropiado es a la parrilla, porque así se reduce el contenido de grasas. La fritura, en cambio, aumenta el aporte calórico a causa del aceite usado para freír.

Agua

¿Qué aspectos hay que tener en cuenta al leer la etiqueta de un agua mineral?

Una de las cualidades características del agua mineral es la ligereza, que se basa en la cantidad de sales minerales que contiene. Un parámetro que no debe pasarse por alto es el residuo seco a 180 °C, que para las aguas minerales que se definen como mínimamente mineralizadas debe ser inferior a 50 mg/l; para las oligominerales, inferior a 200 mg/l; para las ligeramente mineralizadas está comprendido entre 200 y 500 mg/l; para las minerales, entre 500 y 1.500 mg/l; y, finalmente, para las aguas ricas en sales minerales debe ser superior a 1.500 mg/l.

INDICACIONES AUTORIZADAS EN LAS ETIQUETAS DE LAS AGUAS MINERALES SEGÚN LAS SUSTANCIAS QUE CONTIENEN

Agua clorada	si el contenido de cloruros es superior a 200 mg/l
Agua sulfatada	si el contenido de sulfatos es superior a 200 mg/l
Agua cálcica	si el contenido de calcio es superior a 150 mg/l
Agua magnésica	si el contenido de magnesio es superior a 150 mg/l
Agua ferruginosa	si el contenido de hierro es superior a 1 mg/l
Agua sódica	si el contenido de sodio es superior a 20 mg/l
Agua fluorada	si el contenido de flúor es superior a 1 mg/l
Agua bicarbonatada	si el contenido de bicarbonato es superior a 600 mg/l

¿Es mejor el agua mineral natural que el agua mineral gasificada?

La elección es muy subjetiva, si bien la más demandada en el mercado es la gasificada, que, por otro lado, tiene un tiempo de conservación más largo que el de las aguas naturales, porque el anhídrido carbónico tiene un efecto estabilizante tanto en el aspecto químico como en el microbiótico. El agua mineral, por definición, en el manantial es bacteriológicamente pura.

Sin embargo, por causas accidentales podría no serlo en el momento de la compra, ya sea por una exposición prolongada a temperaturas inadecuadas durante el transporte o la conservación, ya sea por la presencia de alguna sustancia residual contenida en la botella que podría constituir un sustrato idóneo para el desarrollo bacteriano; en estas circunstancias, el anhídrido carbónico actúa como antifermentador.

Por otro lado, conviene desmentir el prejuicio existente que atribuye al agua con gas efectos perjudiciales en las funciones gastrointestinales. Es más, el anhídrido carbónico facilita la digestión porque optimiza la secreción de los jugos gástricos y estimula los movimientos peristálticos. Conviene aclarar, no obstante, que no es aconsejable para personas que sufren hipersecreción gástrica o úlcera.

Estudios recientes, todavía en fase de conclusión, están demostrando que el agua con gas reduce los síntomas causados por la dispepsia, y ello se debe al hecho de que el anhídrido carbónico, al ejercer una acción continua en la parte superior del estómago, le permite recuperar su volumen, con la consiguiente disminución de la típica sensación de pesadez.

¿Hay alguna época del año en la que es aconsejable beber un determinado tipo de agua mineral?

En verano, coincidiendo con las semanas más cálidas y sofocantes del año, se pierden muchas sales minerales con el sudor. A fin de reintegrarlas, es preferible beber agua definida como mineral, en lugar de agua con oligominerales.

¿Qué son las bebidas analcohólicas?

Son bebidas, gasificadas o no gasificadas, embotelladas o con otros envases de cierre hermético, preparadas con agua potable o mineral y que contienen uno de los siguientes productos: zumos de fruta, esencias naturales, ácido cítrico, ácido tartárico, sacarosa, sustancias amargas o aromatizantes.

Vino

¿Cuál es la diferencia entre las siglas DO, DOC y VCPRF que encontramos en las etiquetas de algunos vinos?

La sigla DO (denominación de origen) puede ser atribuida a los vinos de una región, comarca, localidad o lugar determinado que hayan sido reconocidos administrativamente para designar vinos que cumplan determinadas condiciones de calidad y prestigio.

Por su parte, la sigla DOC (denominación de origen certificada) define a unos vinos cuyos controles son más estrictos que los DO y que han gozado, durante al menos diez años, del reconocimiento de denominación de origen.

Por último, VCPRF son las siglas de vinos de calidad producidos en una región determinada, que se dividen en los siguientes niveles: vinos de calidad con indicación geográfica, vinos con denominación de origen, vinos con denominación de origen calificada y vinos de pagos.

¿Cuál es la diferencia entre los distintos tipos de cavas?

Las distintas denominaciones del cava dependen del contenido de azúcar que posea. Así tenemos, en orden creciente referido al contenido de azúcar, las variedades brut nature, extra brut, brut, extra seco, seco, semiseco y dulce.

¿En qué se diferencia la producción de un vino tinto de la de un vino blanco o un rosado?

La vinificación de un vino tinto consiste en la fermentación alcohólica del mosto de uva junto con la vinaza, mientras que en la vinificación del vino blanco, después del prensado, se separa el mosto de las pepitas. En el caso de los vinos rosados (o *rosé*) las pepitas se separan al cabo de uno o días del inicio de la fermentación.

¿Por qué casi todos los vinos del mercado contienen anhídrido sufuroso?

Durante la vinificación, para mejorar el proceso de fermentación, se utiliza metabisulfito, que deja residuos en el vino en forma de anhídrido sulfuroso, que también tiene la función de hacerlo más estable.

Según la normativa comunitaria, los residuos de anhídrido sulfuroso en los vinos tintos no deben superar los 160 mg/l, mientras que en los vinos blancos el límite es de 200 mg/l.

¿Cuáles son los fraudes más frecuentes en el sector del vino?

Los fraudes más habituales son:
- vender vinos comunes con la denominación DOC o DOC;
- vender vinos no conformes a la normativa: acescentes, con un contenido de anhídrido sulfuroso superior al límite permitido o con una gradación alcohólica inferior a la declarada en la etiqueta.

¿Cómo se calculan las calorías de una botella de vino?

El alcohol etílico es el único componente del que depende el aporte calórico del vino, y se calcula en la medida de 7 cal/cm^3. Si un vino tiene una gradación alcohólica de 10° significa que aporta 70 cal/l.

¿Qué tiene más calorías: un vaso de vino o uno de cerveza?

El poder calórico de estas bebidas depende de la gradación alcohólica, que en ambas tiene el mismo valor de 7 cal/cm^3. El vino posee casi siempre una gradación superior a la de la cerveza, de la que se elaboran variedades más «ligeras» y raramente supera los 6°. De ello se desprende que, a igual cantidad, el vino tiene un valor calórico superior.

Fruta y verdura

¿Qué vitaminas tiene la fruta?

La fruta contiene sobre todo vitamina A (albaricoques, palo santos, naranjas) y C (cítricos, fresas, frambuesas, palo santos).

La vitamina B, en cambio, está presente en cantidades más reducidas.

¿Cuáles son las partes de las verduras más nutritivas?

Las hojas externas (que a menudo se consideran erróneamente poco tiernas o demasiado verdes) son más ricas en vitaminas y sales minerales (hierro, calcio y vitamina A); asimismo, el brécol posee una mayor cantidad de vitamina A en las hojas que en las flores y los tallos.

¿Qué contiene más nutrientes: la fruta o la verdura?

Se suele creer que la fruta es el alimento que contiene más vitaminas y sales minerales; pero, en realidad, el contenido de sales minerales es bastante reducido; en cambio, las sales minerales son abundantes en las hortalizas, asociadas a las vitaminas, y, además, contienen más fibra. El inconveniente principal de las hortalizas es que al necesitar cocción, se pierde parte de las vitaminas.

¿Qué ventajas ofrecen las legumbres de cara a una alimentación correcta?

Las legumbres tienen un contenido elevado de proteínas e hidratos de carbono, que garantizan un alto valor energético. Además, también son ricas en fibra, hierro y otras sales minerales, y vitamina B, hecho que las convierte en alimentos muy valiosos para una dieta equilibrada y al mismo tiempo económica.

¿Cómo es mejor consumir las legumbres?

Las legumbres frescas tienen un valor nutritivo inferior que cocidas, debido al contenido de agua. Para mejorar la digeribilidad conviene dejar en remojo las legumbres secas durante 12-24 horas para ablandarlas y luego cocinarlas en forma de puré, quitándoles previamente la piel.

DIRECCIONES DE INTERÉS

Ministerio de Agricultura, Pesca y Alimentación
Paseo Infanta Isabel, 1
28071 Madrid
Tel.: 913 47 51 41 - 91 347 50 00
Fax: 913 47 52 42
www.mapya.es

Organización de Consumidores y Usuarios (OCU)
C/ Milán, 38
28034 Madrid
Tel.: 913 00 00 45
Fax: 913 88 73 72
www.ocu.org

Unión de Consumidores de España (UCE)
C/ Atocha, 26, 3.º izq.
28012 Madrid
Tel.: 913 69 12 85
Fax: 914 29 66 06

Revistas de consumo

Ciudadano
C/Atocha, 26, 3.º izq.
28012 Madrid
Tel.: 913 69 12 85
Fax: 913 69 08 27

Compra Maestra
C/Milán, 38
28043 Madrid
Tel.: 913 00 00 45
Fax: 913 88 73 32

Consumer
Barrio de San Agustín, s/n
48230 Ekiurry (Vizcaya)
Tel.: 946 21 12 11
Fax: 946 21 11 22